comida sana

COCINA DÍA A DÍA

HIERBAS Y ESPECIAS

En una cultura en la que las comidas rápidas, los platillos precocidos y los alimentos procesados son populares puede ser desalentador buscar alimentos bajos en grasas. Es un mito general que las dietas bajas en grasas son menos apetitosas. Esto se debe en parte a que los paladares están acostumbrados a salsas fuertes y a comidas procesadas con aditivos y saborizantes.

Alguien que consume altas proporciones de alimentos fritos puede tener dificultades con una dieta que enfatiza cocción al vapor, hervida, horneada y asada a la parrilla. El uso de hierbas y especies es una buena noticia para dietas bajas en grasas y causa toda la diferencia entre un alimento soso y uno apetitoso.

Es fácil cultivar hierbas y no se necesita un jardín porque pueden crecer en un pequeño patio, en una jar-dinera ó en el alfeizar de una ventana. Vale la pena plantar algunas hierbas pues no requieren mucha atención o alimento. El premio es un buen surtido de hierbas frescas disponibles según nuestras necesidades aparte de brindarnos sabores insuperables al agregarlos a cualquier platillo. Las hierbas frescas se deben cosechar o comprar justo antes de ser usadas. Hierbas secas o congeladas y especies se pueden guardar hasta por seis meses.

Lo mejor es comprar poco y con frecuencia y almacenar en contenedores herméticos en un lugar oscuro y fresco. Las hierbas frescas tienen un sabor más ligero que las secas y una cuchara de hierbas frescas equivale a una cucharadita de secas, por tanto, se deben hacer los ajustes necesarios. A continuación listamos una variedad de hierbas y especias así cómo sus usos.

AJONJOLÍ
Semillas con sabor a nuez, especialmente las tostadas, que son deliciosas en repostería, ensaladas y en la cocina del lejano oriente.

AZAFRÁN
De color naranja profundo se emplea tradicionalmente en paellas, en arroz y en pasteles. Pero también es delicioso con aves. El azafrán es la mas cara de todas las especias.

PIMIENTA DULCE
Los granos negros de ésta pimienta pueden ser molidos o enteros y tiene un sabor similar a la canela, el clavo y a la nuez moscada. No es igual a las especias mixtas pero se puede usar con pepinillos, salsas, pasteles y budines de leche. En carnes y pescados no se usa molido.

ANÍS
En grano o molido, tiene un aroma y sabor fuerte. Debe usarse en cantidades pequeñas. Empleado en aderezos de ensaladas y en pastelería.

ALBAHACA
Es mejor fresca pero se puede obtener seca. Se usa cruda o cocida y es útil en muchos platillos pero es especialmente buena con platillos y salsas a base de tomates y en ensaladas de comida mediterránea.

LAUREL
Disponible fresco, seco y molido. Forma parte de hierbas de olor y es deliciosa con carnes, aves, sopas y estofados. Le agrega un sabor picoso a budines de leche y a las natillas de huevo.

HIERBAS DE OLOR
Es un bouquet de hierbas frescas atadas con una cuerda o envueltas en muselina. Se usa para agregar sabor a las cacerolas, estofados y caldos. Normalmente contiene perejil, tomillo y laurel.

ALCAVAREA
Estas semillas tienen un sabor caluroso y dulce y se usan con frecuencia en panes y pasteles. También es deliciosa en escabeches y platillos con col.

PIMIENTA ROJA
Es el polvo de un chile de Cayena. Se parece al pimentón dulce y debe usarse moderadamente para agregar un vigoroso picante a muchos platillos.

CARDAMOMO
Tiene un sabor dulce muy característico. Se obtiene entero, en vaina o molido. Ésta dulce y aromática especie es deliciosa en curris, arroces, pasteles y galletas y es excelente en budines de arroz y con frutas.

PERIFOLIO
Evoca al perejil. En forma fresca o seca, con un sabor ligeramente dulce picoso, es especialmente bueno en sopas, platillos de queso, estofados y con huevos.

CHILE
Frescos, secos o en polvo. Los chiles rojos son más dulces que los verdes. Están particularmente asociados con comida mexicana y española pero también son deliciosos en escabeches, salsas, pizzas y dips.

CEBOLLIN
Los hay secos pero es mejor usarlos frescos. Este miembro de la familia de las cebollas es recomendado cuando se requiere un ligero sabor a cebolla. Acompaña bien los huevos, quesos, pescados y a los platillos de verduras. Sirven bien cómo aderezo en sopas y platillos de carne o verduras.

CANELA
La canela se vende en varillas rojas café hechas del tronco de un árbol perenne. Su aroma es dulce penetrante. Se usa entera o molida y es deliciosa en pasteles y budines de leche, especialmente con manzanas, y en vinos calientes. También sirve como conservador.

CLAVO

Normalmente se usa entero pero lo hay en polvo. Tiene un aroma dulce, cálido y penetrante. Se usa para aromatizar el puerco, el jamón asado, el vino caliente, los ponches y en frutas en almíbar. El clavo molido se usa en carne picada y en budines y galletas navideñas.

CILANTRO

Las semillas del cilantro tienen un sabor anaranjado y se venden enteras o molidas. Son particularmente deliciosas (molidas o enteras) en cacerolas, curris y para sazonar escabeche. Las hojas se usan para saborizar platillos aromáticos picosos y para adornar.

COMINO

Molido o en semillas tiene un sabor fuerte y ligeramente picante. Es uno de los principales ingredientes del polvo de curry y sirve para aderezar muchos platillos de pescado, carne y arroz.

ENELDO

Las hojas, secas o frescas, tienen un sabor suave. Las semillas son de un sabor ligeramente amargo. Combina especialmente bien con el salmón, las papas y las salsas. Las semillas se usan bien en escabeche y platillos de verduras.

HINOJO

En semillas o molido, tiene un sabor dulce aromático anisado. También es conocido como la especias del pescado por combinar muy bien con platillos de pescado.

JENGIBRE

Se encuentra en muchas formas pero principalmente cómo raíz fresca o en polvo. Combina con pasteles, curris, escabeche, salsas y en comida china.

HIERBA DE LIMÓN

Disponible seca o fresca tiene un sabor a limón sutil y aromático. Es esencial en la cocina tailandesa. Deliciosa añadida a sopas, pescados y aves.

MACIS

La cáscara exterior de la nuez moscada tiene un sabor más suave que la moscada. Se usa en escabeche, platillos de queso, frutas guisadas, salsas y ponche.

MEJORANA

Con frecuencia seca, tiene un sabor dulce ligeramente picoso que es fantástico combinado con estofados, carnes y platillos a base de tomates.

MENTA

Seca o fresca, tiene un aroma fuerte y sabe deliciosa en salsas ó gelatinas para cordero. Es un ingrediente esencial de Pimms.

SEMILLA DE MOSTAZA

Estas semillas amarillas y cafés se compran enteras o molidas. Se encuentran en escabeches, aderezos, salsas, platillos de queso, curris. También acompañan carnes.

NUEZ MOSCADA

Sus semillas grandes enteras tienen un sabor dulce y caluroso y acompañan a las natillas, los budines de leche, platillos de queso, pastinacas, y sopas cremosas.

ORÉGANO

Sus hojas secas tienen un sabor fuerte y se parecen a la mejorana y se usan mucho en la cocina griega e italiana.

PIMENTÓN DULCE

Con frecuencia se encuentra en dos variedades. Una es bastante dulce y ligera y la otra es algo agria. Se elabora del fruto del pimiento y acompaña bien a las carnes y a las aves y sirve cómo aderezo. La regla de comprar poco y con frecuencia es especialmente válida en el caso del pimentón porque no se conserva bien.

PEREJIL

Se usan el tallo y las hojas para acompañar casi todos los platillos mas gustados puesto que son los que más sabor contienen. También se usan para decorar.

PIMIENTA

Se obtiene en granos blancos o negros y es mejor si se muelen al momento de usarlos. Los dos agregan sabor a casi todas las comidas y salsas. La pimienta negra tiene un sabor más fuerte y la blanca es de sabor mucho más delicado.

SEMILLAS DE AMAPOLA

Estas pequeñas semillas agrisadas producen un sabor dulce y anuezado cuando se agregan a galletas, platillos de verduras, aderezos y a platillos de queso.

ROMERO

Deliciosa hoja fresca o seca. Sus pequeñas hojas en forma de agujas son de dulce aroma y son especialmente agradables con cordero, estofados y en platillos de verduras. También son deliciosas cuando se agregan al carbón de la parrilla para darle un sabor punzante a carnes y elotes a la parrilla

SALVIA

Secas o frescas, estas hojas de sabor algo amargo son deliciosas empleadas en aves, cerdo, chorizos, estofados, y en pastas rellenas revueltas en un poco de mantequilla y salvia fresca.

ESTRAGÓN

Sus hojas secas o frescas, de sabor dulce y perfumado, se utilizan en aves, pescados, mariscos, estofados y en salsas cremosas.

TOMILLO

Fresco o seco, con un sabor penetrante, forma parte de las hierbas de olor. Se emplea para sazonar platillos de carne y aves.

CÚRCUMA

Se obtiene de la raíz de un lirio del sureste asiático. Tiene un color amarillo brillante y es molida. Tiene un sabor amargo pimientoso y se combina con frecuencia con el polvo de curry y la mostaza. También es deliciosa en escabeches, salsas y aderezos. in bouquet garni.

NUTRICIÓN
El Papel de los Nutrientes Esenciales

U na dieta sana y bien balanceada es la principal fuente de energía para el cuerpo. Para los niños esta dieta constituye la plataforma sobre la cual se asegura su futura salud aparte de que les da mucha energía. En adultos ésta dieta promueve la auto-curación y la regeneración del cuerpo. Una dieta bien balanceada le proporciona al cuerpo todos los nutrientes que necesita. Como se demuestra en la pirámide abajo, esto se logra comiendo una gran variedad de alimentos.

GRASAS

PROTEINAS

leche,   carne, pescado,
yogurt   aves, huevos,
y quesos   nueces y leguminosas

FRUTAS Y VERDURAS

CARBOHIDRATOS DE ALMIDON
cereales, papas, pan, arroz, pasta

GRASAS

L as grasas se presentan en dos formas: saturadas y no saturadas. Es importante mantener un buen balance en esta dieta. Las grasas son parte esencial de la dieta y son fuentes de energía y proveedoras de ácidos grasos esenciales y de vitaminas solubles en grasa. Un equilibrio correcto de grasas aumenta las defensas del cuerpo contra infecciones y mantiene a los músculos, nervios y arterias en buenas condiciones. Las grasas saturadas son de origen animal y cuando se almacenan a temperatura ambiente se vuelven duras. Se encuentran en lácticos, huevos, margarinas y manteca así cómo también en productos fabricados cómo pasteles y galletas. El consumo alto y por largo tiempo de grasas saturadas incrementa las enfermedades del corazón, los depósitos de colesterol y con frecuencia provoca aumento de peso. El propósito de una dieta sana es mantener bajos los niveles de grasas saturadas que consumimos. Es importante bajar el nivel de grasas saturadas pero esto no quiere decir que es sano consumir muchas grasas de otros tipos.

Existen dos clases de grasas no saturadas: grasas poliinsaturadas y grasas monoinsaturadas. Las grasas poliinsaturadas incluyen los siguientes aceites: cártamo, soya, maíz y ajonjolí. En el grupo de grasas poliinsaturadas están los aceites Omega. Los aceites Omega-3 son de importancia puesto que son particularmente buenos para enfermedades del corazón y para fomentar al crecimiento y desarrollo del cerebro. Los aceites Omega-3 provienen de pescados grasos, cómo el salmón, el pez sierra, las sardinas y las caballas. Se recomienda comer éste tipo de pescado por lo menos una vez a la semana. Los que no comen pescado, porque son vegetarianos o porque no les gusta, pueden usar suplementos de aceite de hígado que se encuentran en supermercados y tiendas naturistas. Se sugiere tomar estos suplementos todos los días. Los más populares aceites altos en grasas monoinsaturadas son los de olivas, de cártamo, y de cacahuates La dieta mediterránea, que se basa en comidas altas en grasas monoinsaturadas, se recomienda para la salud del corazón. También es recomendable para bajar los niveles de lipoproteínas de baja densidad (el colesterol malo).

PROTEÍNAS

L as proteínas, cuya base son los aminoácidos, cumplen una gran variedad de funciones en el cuerpo, incluidos el suministro de energía y la construcción y reparación de los tejidos. Los huevos, la leche, el yogurt, el queso, la carne, el pescado, las aves y las nueces y las legumbres son buenas fuentes de proteínas. (Ver el segundo nivel de la pirámide) Algunos de estos alimentos contienen grasas saturadas por lo que se debe buscar un buen balance nutricional con generosas cantidades de alimentos vegetales proteínicos cómo son la soya, los frijoles, las lentejas, los chícharos y las nueces.

FRUTAS Y VERDURAS

Las frutas y las verduras no son solamente los alimentos más llamativos visualmente, si no también son extremadamente buenas para nosotros puesto que suministran vitaminas y minerales esenciales para el crecimiento, reparación y protección del cuerpo. Las frutas son bajas en calorías y son las responsables de regular los procesos metabólicos del cuerpo y de controlar la composición de sus fluidos y células.

MINERALES

CALCIO Importante para tener huesos y dientes sanos y para la transmisión nerviosa, la contracción de los músculos, la coagulación de la sangre y las funciones de las hormonas. El calcio promueve un corazón sano, mejora la piel, alivia los dolores de huesos y músculos, corrige el equilibrio ácido-alcalino y reduce los cólicos. Son fuentes buenas de calcio los lácteos, los huesos pequeños de pescados chicos, las nueces, las legumbres, las harinas blancas fortificadas, los panes y las verduras de hojas verdes.

CROMO Es parte del factor de tolerancia a la glucosa y promueve el equilibrio de los niveles de azúcar en la sangre. Ayuda a normalizar el apetito reduciendo antojos. Mejora las expectativas de vida. Protege el ADN y es fundamental para el funcionamiento del corazón. Son buenas fuentes la levadura, el pan integral y de centeno, las ostras, las papas, los pimientos verdes, la mantequilla y las pastinacas.

FIERRO Por ser un componente de la hemoglobina el hierro transporta oxigeno por todo el cuerpo. Es esencial para el crecimiento y para el desarrollo normal. Son buenas fuentes el hígado, la cecina, los cereales fortificados, las legumbres, las yemas de huevo, las verduras de hojas verdes, y el cacao y sus productos.

MAGNESIO Es importante para el buen funcionamiento de las enzimas metabólicas y para el desarrollo del esqueleto. Fomenta músculos sanos al ayudarlos a relajarse y por lo tanto disminuye los cólicos. Tambien es importante para el sistema nervioso y para los músculos del corazón. Son buenas fuentes las nueces, la carne, los cereales, la leche y el yogurt.

FÓSFORO Forma y mantiene los huesos, los dientes y el tejido muscular. Mantiene el pH del cuerpo, fomenta el metabolismo y la producción de energía. Se encuentra en casi todos los alimentos.

POTASIO Permite que los nutrientes penetren en las células al mismo tiempo que expulsa deshechos de las mismas. Fomenta músculos y nervios sanos, mantiene el equilibrio de líquidos en el cuerpo. Ayuda en la secreción de insulina para controlar el azúcar en la sangre y producir energía constantemente.

SELENIO Sus funciones antioxidantes protegen contra radicales libres y carcinógenos. Reduce inflamaciones y estimula al sistema inmunológico en su lucha contra infecciones. Fomenta un corazón sano y promueve la acción de la vitamina E. También es necesario para el sistema reproductivo masculino y para el metabolismo. Son buenas fuentes el atún, el hígado, el riñón, la carne, los huevos, los cereales, las nueces y los productos lácteos.

SODIO Es importante puesto que controla el equilibrio de los líquidos corporales y previene la deshidratación. Contribuye al buen funcionamiento del sistema nervioso y muscular. Ayuda a los nutrientes a penetrar las células. Todos los alimentos son una buena fuente pero las comidas procesadas, las comidas en escabeche y las comidas saladas son las más ricas en este mineral.

ZINC Es importante para el metabolismo y la cicatrización. Ayuda a manejar la tensión nerviosa. Fomenta al sistema nervioso y cerebral, especialmente el del feto. Sostiene la formación de dientes y huesos y es esencial para mantener la energía. Son buenas fuentes el hígado, la carne, las legumbres, los cereales de grano entero, las nueces y las ostras.

VITAMINAS

VITAMINA A Importante para el crecimiento y desarrollo de las células y para la formación de pigmentos en los ojos. La vitamina A se presenta en dos formas: Retinol y beta carotenos. El retinol se encuentra en el hígado, la carne y los productos de carne, en la leche y sus productos. Los beta-carotenos son poderosos antioxidantes y se encuentran en las frutas rojas y amarillas y en verduras cómo las zanahorias, los mangos y los damascos.

VITAMINA B2 Es importante para liberar la energía de los carbohidratos. Son buenas fuentes la levadura y sus productos, el pan, los cereales para el desayuno fortificados y las papas.

VITAMINA B3 Es necesaria para trasformar los alimentos en energía. Son buenas fuentes la leche y sus productos, los cereales para el desayuno fortificados, las legumbres, la carne, las aves y los huevos.

VITAMINA B5 Importante para el metabolismo de alimentos y para la producción de energía. Todos los alimentos son buenas fuentes, en especial los cereales fortificados, el pan integral y los productos lacteos.

VITAMINA B6 Es importante para el metabolismo de las proteínas y grasas. Es posible que esté relacionada con la producción de hormonas sexuales. Son buenas fuentes las frutas, el hígado, los pescados, el puerco, la soya y los cacahuates.

VITAMINA B12 Es importante para la producción de glóbulos rojos de sangre y para el ADN. Es vital para el crecimiento y para el sistema nervioso. Son buenas fuentes las frutas, las carnes, los pescados, los huevos, las aves y la leche.

BIOTINA Es importante para el metabolismo de ácidos grasos. Son buenas fuentes el hígado, el riñón, los huevos y las nueces. Microorganismos del intestino también fabrican esta vitamina.

VITAMINA C Es importante para cicatrizar heridas y formar el colágeno que mantiene la piel y los huesos sanos. Es un importante antioxidante. Son buenas fuentes las frutas y verduras suaves del verano.

VITAMINA D Es importante para absorber y controlar el calcio que mantiene fuertes los huesos. Son buenas fuentes los pescados grasos, los huevos, la leche y sus productos, la margarina y, por supuesto, el sol, toda vez que esta vitamina se forma en la piel.

VITAMINA E Es importante por ser un antioxidante que protege de daños a las membranas celulares. Son buenas fuentes los aceites vegetales, la margarina, las semillas, las nueces y las verduras verdes.

ÁCIDO FÓLICO Es un elemento critico para el desarrollo del cerebro y del sistema nervioso del feto. Siempre es necesario para el cerebro y el sistema nervioso. Se necesita para usar las proteínas y para la formación de glóbulos rojos.

VITAMINA K Es importante para coagular la sangre. Son buenas fuentes la coliflor, la col de Bruselas, la lechuga, la col, los frijoles, el brócoli, los espárragos, los chícharos, las papas, el aceite de maíz, los tomates y la leche.

CARBOHIDRATOS

Los carbohidratos son fuentes de energía y se presentan en dos formas: Carbohidratos de azúcar y carbohidratos de almidón. Los carbohidratos de almidón se conocen como carbohidratos complejos e incluyen todos los cereales, las papas, los panes, el arroz, y las pastas. (Ver el cuarto nivel de la pirámide.) Alimentarse con una variedad de granos enteros también nos produce una fuente de fibra. Se piensa que dietas altas en fibras ayudan a prevenir cáncer del intestino y mantienen bajo el colesterol. También son buenos para no subir de peso. La fibra es voluminosa por lo que llena el estomago y reduce los antojos. Los carbohidratos de azúcar, conocidos cómo carbohidratos de liberación rápida, (porque le dan al cuerpo una rápida dosis de energía)incluyen el azúcar, y los productos azucarados cómo las mermeladas y los jarabes. La leche suministra lactosa que es un azúcar de leche y las frutas suministran fructuosa que es un azúcar de fruta.

Sopa de Hongos y Jerez

1 Precaliente el horno a 180°C/350°F. Quite la corteza del pan y corte en cubos pequeños.

2 En un tazón grande, agite el pan con la cascarita y jugo de limón y 2 cucharadas de agua y bastante pimienta negra recién molida.

3 Extienda los cubos de pan sobre una bandeja para hornear grande y hornee 20 minutos hasta que estén dorados y crujientes.

4 Pique los hongos silvestres. Si algunos son muy pequeños dejarlos enteros. Reserve.

5 Caliente el aceite en una cazuela y agregue el ajo y las cebollitas y cocine 1–2 minutos.

6 Agregue los hongos y cocine 3–4 minutos hasta que estén suaves. Agregue el caldo de pollo y agite para mezclar.

7 Hierva y reduzca a fuego lento. Tape y cocine 10 minutos.

8 Agregue el jerez batiendo. Salpimente al gusto. Vierta a platos soperos calientes y agregue los cebollines. Sirva de inmediato con el pan al limón.

INGREDIENTES
Rinde 4 porciones

4 rebanadas de pan blanco fresco

½ cascarita de limón

1 cucharada de jugo de limón

sal y pimienta negra recién molida

125 g/4 oz de hongos silvestres surtidos, suavemente enjuagados

125 g/4 oz de hongos botón limpios

2 cucharaditas de aceite de oliva

1 diente de ajo, pelado y machacado

6 cebolletas limpias y cortadas diagonalmente

600 ml/1 pt de caldo de pollo

4 cucharadas de jerez seco

1 cucharada de cebollin recién picado para decorar

Consejo del Chef

Para obtener un picado muy fino, utilice una picadora o procesador de alimentos. Puede cortar la fruta o verduras en rebanadas muy finas con un cuchillo pelador y después triture con un cuchillo pequeño bien afilado.

Sopa China de Pollo

1 Despelleje el pollo. Coloque sobre una tabla de cortar y use 2 tenedores para desmenuzar el animal.

2 Caliente el aceite en una cazuela para freír las cebolletas y el chile por un minuto.

3 Agregue el ajo y jengibre. Cocine otro minuto.

4 Agregue batiendo el caldo de pollo y suba al hervor.

5 Rompa un poco los fideos y agregue al caldo con las zanahorias

6 Mezcle y baje la temperatura a fuego lento por 3–4 minutos.

7 Agregue el pollo desmenuzado, el germen y las salsas de soya y pescado y agite

8 Cocine 2–3 minutos más hasta casi hervir. Vierta la sopa en platos soperos y agregue el cilantro. Sirva de inmediato.

INGREDIENTES
Rinde 4 porciones

225 g/8 oz de pollo cocido
1 cucharadita de aceite
6 cebolletas deshebradas y cortadas en diagonal
1 chile rojo desvenado y picado finamente
1 diente de ajo pelado y machacado
1 pieza de 2.5 cm/1 in de raíz de jengibre pelada y picada finamente
1 l/1¾ pt de caldo de pollo
150 g/5 oz de fideos de huevo medianos
1 zanahoria pelada y cortada en tiras
125 g/ 4 oz de germen de fríjol
2 cucharadas de salsa de soya
1 cucharada de salsa de pescado
hojas frescas de cilantro para decorar

Consejo Sabroso

Si es posible, compre un pollo alimentado solo con maíz. Puesto que la sopa tiene como base el caldo de pollo, el uso de este tipo de pollo aumenta mucho el sabor. Para aumentar el valor nutricional, substituya los fideos con fideos de trigo integral y use aceite de ajonjolí. (Paso 2) Aumente el contenido de verduras agregando 75 g/3 oz castañas de agua y brotes de bambú y 50 g/2 oz judías. (Paso 7)

Sopa de Zanahoria y Jengibre

1 Precaliente el horno a 180°C/350°F. Desmenuce el pan y disuelva el extracto de levadura en 2 cucharadas de agua tibia y mezcle con el pan.

2 Extienda el pan sobre una bandeja de hornear ligeramente aceitada. Hornear 20 minutos volteando el pan a la mitad. Retire del horno y reserve.

3 Caliente el aceite en una cazuela grande. Cocine el ajo y la cebolla a fuego suave 3–4 minutos.

4 Agregue el jengibre revolviendo y cocine un minuto para soltar el sabor

5 Agregue las zanahorias y vierta revolviendo el caldo y el jengibre

6 Retire del fuego y deje enfriar un poco. Mezcle hasta que quede uniforme y salpimente a gusto. Agregue batiendo el jugo de limón. Sirva de inmediato decorado con el cebollin y la cascarita de limón.

INGREDIENTES
Rinde 4 porciones

4 rebanadas de pan sin corteza
1 cucharadita de extracto de levadura
2 cucharaditas de aceite de oliva
1 cebolla pelada y rebanada
1 diente de ajo pelado y triturado
½ cucharadita de jengibre molido
450 g/1 lb de zanahorias peladas y picadas
1 l/1¾ pt de caldo de verduras
1 pieza de 2.5 cm/1 in de raíz de jengibre picada finamente
sal y pimienta negra recién molida
1 cucharada de jugo de limón

PARA DECORAR:
cebollines
cascarita de limón

Consejo Sabroso

Esta sopa puede ser deliciosa para ocasiones especiales servida con una cucharada de crema ácida ligeramente batida. Sirva con rebanadas de bruschetta que se pueden preparar fácilmente asando por los dos lados pan ciabatta. Mientras siguen calientes, frote el pan con un diente de ajo pelado y salpique con un poco de aceite de oliva de buena calidad.

Sopa Italiana de Frijoles

1 Caliente el aceite en una cazuela grande. Agregue el puerro, ajo y orégano. Cocine 5 minutos a fuego suave agitando ocasionalmente.

2 Añada los ejotes y frijoles batiendo. Agregue la pasta y el caldo

3 Suba la mezcla al hervor, baje la temperatura a fuego lento.

4 Cocine 12–15 minutos hasta que las verduras estén tiernas y la pasta al dente. Revuelva ocasionalmente.

5 En una sartén pesada fría los tomates a fuego alto hasta que estén tiernos y sus pieles ligeramente negras.

6 Suavemente aplaste los tomates con el envés de una cuchara y agregue a la sopa.

7 Salpimente a gusto. Agregue batiendo la albahaca y sirva de inmediato.

INGREDIENTES
Rinde 4 porciones

2 cucharaditas de aceite de oliva

1 puerro lavado y rebanado

1 diente de ajo pelado y machacado

2 cucharaditas de orégano seco

75 g/3 oz de ejotes sin hebras

1 lata de 410 g de frijoles cannellini escurridos y enjuagados

75 g/3 oz de pasta de espirales

1 l/1¾ pt de caldo de verduras

8 tomates cereza

sal y pimienta negra recién molida

3 cucharadas albahaca recién molida

Hecho Culinario

Casi toda la cocina italiana aprovecha la abundancia de hierbas frescas, especialmente en platillos basados en tomates. Con pocas excepciones, es preferible usar hierbas frescas para extraer otros sabores del platillo. Si decide usar hierbas secas, recuerde que son mucho más fuertes: 1 cucharadita de hierbas secas equivale a una cucharada de hierbas frescas.

Sopa de Tomates y Albahaca

1 Precaliente el horno a 200°C/400°F. Cubra uniformemente una charola de hornear con los tomates y el ajo sin pelar.

2 Mezcle el aceite y vinagre y rocíe éstos y el azúcar sobre los tomates.

3 Cueza los tomates en el horno precalentado 20 minutos hasta que estén tiernos y ligeramente quemados en algunos lugares.

4 Retire del horno y deje enfriar un poco. Cuando estén suficientemente fríos para tocar, exprima de su piel apapelada los ajos tiernos y coloque junto con los tomates en un cernidor de nylon sobre una cacerola.

5 Cierna el ajo y tomate con el envés de un cucharón de madera.

6 Cuando toda la pulpa pase por el cernidor, agregue el puré de tomate y el caldo de verduras. Caliente a fuego suave y remueva ocasionalmente.

7 En un pequeño recipiente, bata el yogurt y albahaca y salpimente a gusto. Agregue batiendo el yogurt a la sopa. Decore con albahaca y sirva de inmediato.

INGREDIENTES
Rinde 4 porciones

1.1 kg/2½ lb de tomates maduros partidos a la mitad.

2 dientes de ajo

1 cucharadita de aceite de oliva

1 cucharada de vinagre balsámico

1 cucharada de azúcar moreno

1 cucharada de puré de tomate

300 ml/½ pt de caldo de verduras

6 cucharadas de yogurt natural lite

2 cucharadas de albahaca recién picada

sal y pimienta negra recién molida

hojas pequeñas de albahaca para adornar

Consejo Sabroso

Use los tomates más dulces puesto que causan una gran diferencia en el sabor de la sopa. Muchos supermercados venden una variedad de tomates que crecen lentamente y maduran en la tomatera por más tiempo lo que los hace mas dulces. Si no encuentra estos tomates, agregue un poco de azúcar para extraer el sabor.

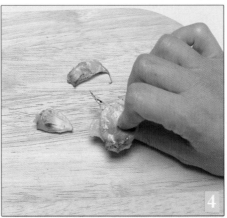

Sopa de Camarones y Chile

1 Para hacer las espirales de cebolletas córtelas finamente a lo largo. Colóquelas en un recipiente con agua helada y reserve.

2 Separe la cabeza y caparazón de los camarones sin tocar la cola.

3 Corte el cuerpo de los camarones en dos para darles forma de mariposa y desvene cada uno.

4 En una cacerola grande caliente el caldo con la corteza y jugo de limón, la salsa de pescado, el chile y la salsa de soya.

5 Aplaste la hierba de limón con un rodillo, pasándolo por todo su largo y agregue a la mezcla.

6 Cuando llegue la mezcla al hervor agregue los camarones y cocine hasta que éstos se pongan rosados.

7 Retire la hierba de limón y agregue el vinagre de arroz y el cilantro.

8 Vierta a platos soperos y decore con las cebolletas en espiral.

INGREDIENTES
Rinde 4 porciones

2 cebolletas desbastadas
225 g / 8 oz de camarones grandes
750 ml / 1¼ pt de caldo de pescado
jugo y corteza rallada finamente de un limón
1 cucharada de salsa de pescado
1 chile rojo desvenado y picado
1 cucharada de salsa de soya
1 tallo de hierba de limón
2 cucharadas de vinagre de arroz
4 cucharadas de cilantro finamente picado

Consejo Sabroso

Para obtener un platillo más substancioso cocine 50–75 g/2–3 oz arroz aromático tailandés 12–15 minutos hasta su punto. Escurra y vierta en los platos y después agregue la sopa.

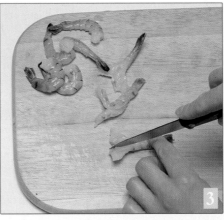
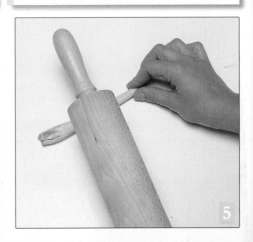

Paté de Hongos y Vino Tinto

1 Precaliente el horno a 180°C/350°F. Corte el pan a la mitad diagonalmente. Ponga los triángulos de pan sobre una charola para hornear y deje en el horno 10 minutos

2 Retire del horno y corte cada triángulo por la mitad para obtener 12 triángulos. Regrese al horno hasta que el pan quede dorado y crujiente. Deje enfriar sobre una parrilla de alambre

3 Caliente el aceite en una cacerola y acitrone a fuego suave la cebolla y el ajo.

4 Agregue los hongos y cocine 3–4 minutos hasta que los hongos suelten su jugo.

5 Vierta el vino y las hierbas batiendo sobre la mezcla de hongos y deje hervir. Baje la temperatura a fuego lento y sin cubrir hierva hasta que se absorba todo el líquido.

6 Retire del fuego y salpimente al gusto. Deje enfriar.

7 Una vez enfriado agregue batiendo el queso crema y verifique la sazón. Vierta en un recipiente pequeño y limpio y refrigere hasta que lo necesite. Sirva los triángulos tostados con el pepino y jitomate.

INGREDIENTES
Rinde 4 porciones

3 rebanadas grandes de pan blanco sin costra
2 cucharaditas de aceite
1 cebolla chica pelada y picada finamente
1 diente de ajo pelado y machacado
350 g/12 oz de hongos de botón
150 ml/¼ pt de vino tinto
½ cucharadita de hierbas mixtas de olor
1 cucharada de perejil picado
sal y pimienta negra recién molida
2 cucharaditas de queso crema lite

PARA SERVIR:
pepino picado finamente en cubitos
tomate picado finamente en cubitos

Consejo Sabroso

Este paté es también delicioso servido sobre pan de ajo. Tueste rebanadas de pan baguette y cúbralas generosamente con el paté y decore con arúgula.

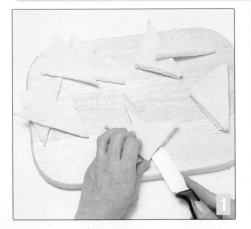

Pasteles Tailandeses de Pescado

1 Precaliente el horno a 190°C/375°F. Mezcle en la batidora el chile, el cilantro el ajo, las cebolletas y la hierba de limón.

2 Seque con una toalla de papel los camarones y el bacalao.

3 Agregue a la mezcladora y mezcle hasta que quede bien picada.

4 Salpimente al gusto y mezcle

5 Con las manos humedecidas, forme 12 pasteles de una cucharada bien llena de mezcla.

6 Coloque los pasteles sobre una charola de hornear ligeramente aceitada y cocínelos en el horno precalentado 6–7 minutos de cada lado hasta que estén bien calientes y cocidos.

7 Sirva de inmediato con el dip de chile dulce.

INGREDIENTES
Rinde 4 porciones

1 chile rojo desvenado
  y bien picado
4 cucharadas de cilantro
  fresco picado
1 diente de ajo pelado y
  machacado
2 cebolletas desbastadas
  y picadas
1 hierba de limón sin las hojas
  externas y picada
75 g/3 oz de camarones,
  descongelados si congelados
275 g/10 oz de filete de bacalao
  sin piel ni espinas,
  picado en cubos
sal y pimienta negra
  recién molida
dip de chile dulce para servir

Consejo Sabroso

Se puede usar un acompañamiento de rábanos en lugar del chile dulce. Si prefiere algo más cremoso, mezcle 2 cucharadas de rábanos desmenuzados (de botella) con 3 cucharadas de jocoque y mayonesa lite. Agregue 3 cebolletas finamente picadas, unas gotas de jugo de limón verde y salpimente a gusto.

Crepas de Pollo Hoisin

1 Precaliente el horno a 190°C/375°F. Mezcle la salsa Hoisin con el ajo, jengibre, salsa de soya, aceite de ajonjolí, sal y la pimienta en un recipiente no metálico.

2 Bañe los muslos en la mezcla. Cubra el recipiente y marine en el refrigerador 3–4 horas volteando el pollo ocasionalmente.

3 Retire los muslos del marinado y colóquelos en una charola para hornear. Reserve la mezcla. Hornee en el horno precalentado 30 minutos bañando con la mezcla de tiempo en tiempo.

4 Corte el pepino a la mitad y quite las semillas con una cucharilla. Corte las mitades en tiras delgadas.

5 Coloque las crepas en una vaporera para calentarlas según las instrucciones en la envoltura. Corte el pollo en rebanadas delgadas y acomódelas en un plato junto con las cebo-lletas, pepino y las crepas.

6 Ponga una cucharada del pollo rebanado en la mitad de cada crepa caliente y cubra con pedazos de las cebolletas y de los pepinos. Cubra todo con un poco de dip. Sirva de inmediato.

INGREDIENTES
Rinde 4 porciones

3 cucharadas de salsa Hoisin

1 diente de ajo pelado y machacado

1 pieza de 2.5 cm/1 in de raíz de jengibre

1 cucharadita de salsa de soya

1 cucharadita de aceite de ajonjolí

sal y pimienta negra recién molida

4 muslos de pollo sin piel

½ pepino pelado (opcional)

12 crepas chinas compradas

6 cebolletas desbastadas y cortadas finamente a lo largo

dip de chile dulce

Consejo Sabroso

Los que tienen alergia a productos de maíz y los que quieren hacer este rico platillo más substancioso pueden freír las cebolletas y el pepino en aceite de cacahuate. Agregue una zanahoria cortada en rajas y mézclela con el pollo y el marinado. (Paso 3) Sirva con arroz al vapor –el arroz aromático de Tailandia es particularmente bueno.

Sopa de Pimento Rojo, Tomate y Cebolla Roja Asados

1 Precaliente el horno a 190°C/375°F. Rocíe una capa delgada de aceite sobre una charola de hornear grande. Coloque los pimientos y la cebolla en la charola y hornee 10 minutos. Agregue los tomates y cocine otros 20 minutos hasta que los pimientos estén tiernos.

2 Corte el pan en rebanadas de 1 cm/½ in. Corte el ajo a la mitad y frote el pan con el lado cortado.

3 Acomode el pan sobre una charola para hornear grande y deje en el horno 10 minutos, 5 minutos de un lado y 5 del otro, hasta que esté dorado y crujiente.

4 Retire las verduras del horno y deje que enfríen un poco y licue bien en la licuadora. Para separar las semillas y piel, cierna la mezcla con un cernidor grande de nylon sobre una olla. Agregue el caldo, salpimente a gusto y revuelva para mezclar. Ponga la sopa sobre fuego lento hasta que esté bien caliente.

5 En un pequeño recipiente mezcle la salsa Worcestershire con la crema.

6 Vierta la sopa a platos soperos precalentados y agregue una cucharada de la mezcla de crema. Sirva de inmediato con el pan de ajo.

INGREDIENTES
Rinde 4 porciones

capa delgada de aceite
2 pimientos rojos sin semillas picados en cubos
1 cebolla roja pelada y picada en cubos
350 g/12 oz de tomates partidos en dos
1 baguette pequeña
1 diente de ajo pelado
600 ml/1 pt de caldo de verduras
sal y pimienta negra recién molida
1 cucharadita de salsa Worcestershire
4 cucharadas de crema ácida

Consejo del Chef

Una forma fácil y rápida de pelar pimentones ya asados o a la parrilla, es dejarlos en una bolsa de plástico por 10 minutos. Cuando enfríen lo suficiente para tocarlos, sencillamente separe la piel de la pulpa.

Calamar Asado con Limón y Ajo

1 Enjuague el arroz hasta que el agua salga limpia y viértalo a una olla con el caldo.

2 Suba al hervor y reduzca el fuego. Tape y cocine a fuego suave 10 minutos.

3 Apague el fuego y deje tapado para cocinar al vapor mientras cocina el calamar.

4 Desprenda los tentáculos del calamar y reserve.

5 Corte el cuerpo por la mitad. Con la punta de un cuchillo chico y afilado haga un corte en diamante en la parte interna sin penetrar todo el cuerpo

6 Mezcle la cáscara de limón con el ajo y el echalote.

7 Coloque el calamar en un recipiente poco profundo y rocíe con la mezcla de limón. Remueva la mezcla.

8 Caliente una sartén a punto de humo. Cocine el calamar 2–3 minutos hasta que esté completamente cocido. Corte en rebanadas.

9 Rocié el calamar con el cilantro y jugo de limón. Salpimente a gusto. Escurra el arroz y sirva con el calamar de inmediato.

INGREDIENTES
Rinde 4 porciones

125 g/4 oz de arroz de grano largo

300 ml/½ pts de caldo de pescado

225 g/8 oz de calamar limpio

1 cáscara de limón rallada finamente

1 diente de ajo pelado y machacado

1 echalote pelado y picado finamente

2 cucharadas de cilantro picado

2 cucharadas de jugo de limón

sal y pimienta negra recién molida

Consejo del Chef

Para preparar el calamar, separe los tentáculos y corte la cabeza justo debajo de los ojos. Deseche. Retire las aletas y entrañas. Deseche. Quite cualquier parte de piel negra. Deseche. Enjuague los tentáculos y el cuerpo completamente. El calamar ésta listo.

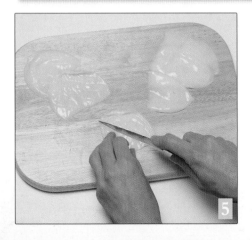

Sushi de Salmón Ahumado

1 Enjuague el arroz muy bien con agua fría. Vierta a una olla con 300 ml/½ pt de agua. Hierva y tape bien. Baje el calor a fuego suave por 10 minutos. Apague el fuego pero deje la olla tapada para hervir el arroz otros 10 minutos.

2 En un pequeño recipiente caliente suavemente el vinagre de arroz, el azúcar y la sal hasta que el azúcar se derrita. Al terminar de vaporizar el arroz, vierta la mezcla de vinagre y mezcle muy bien con el arroz. Deposite el arroz sobre una tabla de picar y ventílelo para obtener un arroz más brillante.

3 Coloque una hoja de sushi nori sobre una estera para sushi. (si no la tiene use una pieza de tela tiesa algo más grande que las algas) Extienda la mitad del arroz tibio sobre la estera. Haga esto con las manos húmedas para evitar que se les pegue el arroz. En la orilla más cercana coloque la mitad del salmón y la mitad de las tiras de pepino.

4 Enrolle firmemente el salmón y arroz. Con un cuchillo filoso humedecido corte el sushi en rebanadas de 2 cm/ ¾ in. Repita con la otra hoja y el resto del arroz, salmón y pepino. Sirva con wasabi, salsa de soya y jengibre.

INGREDIENTES
Rinde 4 porciones

175 g/6 oz de arroz para sushi
2 cucharadas de vinagre de arroz
4 cucharaditas de azúcar refinada
½ cucharadita de sal
2 hojas de sushi nori
60 g/2½ oz de salmón ahumado
¼ pepino rebanado en tiras finas

PARA SERVIR:
wasabi
salsa de soya
jengibre en escabeche

Consejo Sabroso

Si no encuentra wasabi use rábanos picantes. Si no encuentra sushi nori, haga formas oblongas con el arroz y cúbralos con salmón ahumado y decore con cebollines.

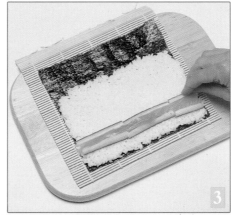

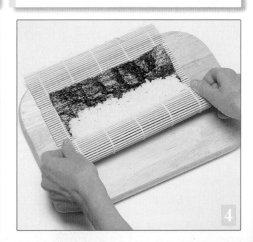

Filetes de Bacalao al Jengibre

1 Precaliente el horno y forre la parrilla con papel de aluminio. Ralle la raíz de jengibre gruesa. Desbaste y corte en tiras finas las cebolletas.

2 Mezcle las cebolletas con el jengibre, el perejil picado y el azúcar. Agregue 1 cucharada de agua.

3 Limpie los filetes. Salpimente al gusto. Coloque sobre 4 hojas de papel aluminio de 20.5 x 20.5 cm/8 in x 8 in.

4 Esparza la mezcla de cebolletas y jengibre sobre el pescado.

5 Corte la mantequilla en pequeños cubos y deposite sobre el pescado.

6 Suavemente envuelva los filetes con el papel aluminio.

7 Coloque los filetes debajo de la parrilla precalentada y cocine 10–12 minutos hasta que el pescado tome un color opaco.

8 Ponga los paquetes de bacalao en platos de servir. Sirva de inmediato con las verduras recién preparadas.

INGREDIENTES
Rinde 4 porciones

1 pieza de 2.5 cm/1 in de raíz de jengibre, pelada
4 cebolletas
2 cucharaditas de perejil recién picado
1 cucharada de azúcar moreno
4 filetes de bacalao de 175 g/6 oz sal y pimienta negra recién picada
25 g/1 oz de mantequilla lite verduras recién preparadas para servir

Consejo Sabroso

¿Por qué no servir éste platillo con papas en papillote? Envuelva las papas con algunos dientes de ajo en hojas dobles de papel encerado. Agregue un poco de aceite de oliva y sazone bien con sal y pimienta negra. Envuelva los bordes del papel para hacer una bolsa. Con el horno a 180°C/350°F ase las papas 40–50 minutos y sirva con el papel.

Consejo del Chef

Esta receta funciona bien con filetes de otros pescados Pruebe salmón, cazón, o rape. El rape puede tardar más para cocer.

Bacalao Asado Envuelto en Panceta

1 Limpie los filetes y envuelva cada uno con pancetta.

2 Escurra las alcaparras y remoje en agua fría 10 minutos para quitarles algún exceso de sal. Escurra y reserve.

3 Caliente el aceite en una sartén grande y pesada. Fría por 3 minutos de cada lado, cuidadosamente volteando los filetes para que no se rompan.

4 Baje la temperatura y siga friendo 2–3 minutos hasta que el pescado quede bien cocido.

5 Mientras tanto, ponga la mezcla de alcaparras en una olla pequeña y muela encima la pimienta.

6 Ponga la olla sobre fuego lento y suba hasta un hervor suave, moviendo continuamente 2–3 minutos.

7 Una vez listo el pescado, decore con el perejil y sirva con la mezcla tibia de alcaparras, las verduras recién cocidas y las papitas.

INGREDIENTES
Rinde 4 porciones

4 filetes de atún de 175 g/6 oz
4 rebanadas muy delgadas de panceta
3 cucharadas de alcaparras en vinagre
1 cucharada de aceite vegetal o aceite de girasol
2 cucharadas de jugo de limón
1 cucharada de aceite de oliva
pimienta negra recién molida
1 cucharada de perejil picado para decorar

PARA SERVIR:
verduras recién cocidas
papitas

Hecho Culinario

Panceta es un tocino italiano curado y ligeramente ahumado. Se vende en rebanadas muy delgadas o en pequeños cubos. Las rebanadas se pueden usar para envolver aves o pescados. Los cubos se usan en salsas. Para cocinar los cubos fría 2–3 minutos y reserve. Use el aceite para sellar carnes o para freír cebollas, después regrese el tocino a la sartén.

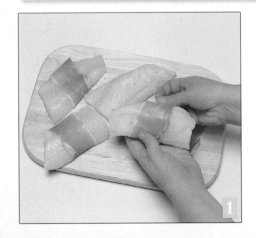

Mejillones Linguini

1 Remoje los mejillones en agua fria. Refrigere hasta necesitarlos. Cuando esté listo para usarlos, talle las conchas para quitar cualquier balano o barba. Deseche cualquier mejillón abierto

2 Derrita la mantequilla en una sartén grande. Agregue los mejillones, la cebolla y el vino. Tape bien. Vaporee 5–6 minutos, agitando la sartén para asegurar una cocción pareja. Deseche cualquier mejillón no abierto. Pase por un colador y reserve el líquido.

3 Para hacer la salsa, caliente el aceite en un recipiente mediano y fría los cuartos de cebolla y el ajo 3–4 minutos hasta que estén suaves y

transpa-rentes. Agregue los tomates batiendo y la mitad del líquido de mejillones. Suba al hervor y caliente a fuego lento 7–10 minutos hasta espesar

4 Cocine la pasta en agua con sal hirviendo por 7 minutos o hasta al dente. Cuele y reserve 2 cucharadas del caldo. Regrese la pasta y el caldo al recipiente.

5 Separe la carne de la mitad de los mejillones. Agregue moviendo la salsa junto con los mejillones en su concha. Vierta la salsa caliente a la pasta y agite suavemente. Decore con el perejil y sirva de inmediato.

INGREDIENTES
Rinde 4 porciones

2 kg / 4¼ lb Mejillones frescos tallados y lavados
trocito de mantequilla
1 cebolla pelada y picada finamente
300 ml / ½ pt de vino blanco demi sec

PARA LA SALSA:

1 cucharada de aceite de girasol
4 cebollas cambray peladas y partidas en cuatro
2 clavos de ajo pelados y machacados
1 lata de 400 g de tomates partidos
pizca grande de sal
225 g / 8 oz de linguini o tagliatelli seco
2 cucharadas de perejil recién picado

Consejo Sabroso

Es delicioso saborear mejillones en su concha. Cada mejillón viene rodeado de la deliciosa salsa agregando sabor a cada bocado. En ésta receta también se pueden usar almejas que son un poco más dulces.

Ratatouille de Macarela

1 Precaliente el horno a 190°C/375°F. Corte la cabeza del pimiento, retire las semillas y la membrana y corte en pedazos. Corte la cebolla en pedazos gruesos.

2 Caliente el aceite en una sartén grande y cocine el ajo y la cebolla 5 minutos a hasta que estén casi acitronados.

3 Agregue los pedazos de pimiento y calabacitas y cocine otros 5 minutos.

4 Vierta el tomate y su jugo y cocine otros cinco minutos. Salpimente a gusto y vierta a un refractario.

5 Salpimente el pescado y acomódelo sobre las verduras. Rocié con aceite de oliva y jugo de limón. Cubra y cocine en el horno precalentado por 20 minutos.

6 Retire la tapa, agregue las hojas de albahaca, vuelva a tapar y cocine otros 5 minutos. Sirva de inmediato con el cuscus o el arroz y el perejil.

INGREDIENTES
Rinde 4 porciones

1 pimiento rojo
1 cucharada de aceite de oliva
1 cebolla roja pelada
1 diente de ajo pelado y picado finamente
2 calabacitas desbastadas cortadas en rebanadas gruesas
1 lata de 400 g de tomates picados
sal de mar y pimienta negra recién picada
4 macarelas pequeñas de 275 g/ 10 oz lavadas y sin cabeza
aceite de oliva para rociar
jugo de limón para esparcir
12 hojas albahaca frescas
cuscus o arroz con perejil picado para servir

Hecho Culinario

Ratatouille es un plato tradicional francés que contiene cebollas, tomates, calabacitas y a veces berenjenas. Es una receta muy versátil a la cual se le pueden agregar muchas otras verduras. Para ese toque extra ¿ por qué no agrega un poco de chile?

Bacalao en Corteza de Aceitunas

1 Precaliente el horno a 190°C/375°F. Coloque las aceitunas en un pequeño recipiente con las cortezas de pan y agregue el estragón.

2 Agregue a las aceitunas el ajo, los cebollines y el aceite de oliva. Mezcle bien suavemente.

3 Limpie los filetes con un trapo húmedo o con una toalla de papel húmeda y colóquelos sobre una charola para hornear ligeramente aceitada.

4 Ponga cucharadas de la mezcla de cortezas sobre cada filete y presiónela ligera y uniformemente.

5 Hornee el pescado en el horno precalentado 20–25 minutos hasta que el pescado esté cocido completamente y el recubrimiento dorado. Sirva de inmediato con las zanahorias y los frijoles.

INGREDIENTES
Rinde 4 porciones

12 aceitunas sin hueso

75g/3 oz de corteza de pan fresco

1 cucharada de estragón recién picado

1 diente de ajo picado y machacado

3 cebolletas desbastadas y picadas finamente

1 cucharada de aceite de oliva

4 filetes gruesos de bacalao de 175 g/6 oz

PARA SERVIR:
zanahorias recién cocidas
frijoles recién cocidos

Consejo Sabroso

Experimente con otros ingredientes en la costra: La costra sabe deliciosa agregando 2 dientes de ajo asado. Al combinar costra de pan blanco con costra de pan integral se produce un sabor a nuez y malta.

Sardinas con Grosellas

1 2–3 minutos antes de cocinar forre la parrilla con papel de aluminio y precaliente.

2 Caliente la mermelada en baño maría hasta que esté suave. Agregue la corteza de limón y el jerez y mezcle hasta que esté uniforme.

3 Enjuague las sardinas suavemente y séquelas con toallas de papel de cocina.

4 Sobre una tabla de cortar y con un cuchillo filoso haga varios cortes diagonales sobre el cuerpo de las sardinas. Salpimente los cortes.

5 Barnice suavemente los cortes y el cuerpo de las sardinas con el marinado.

6 Coloque el pescado sobre la parrilla precalentada 8–10 minutos hasta que esté al punto.

7 Mientras se asan las sardinas, cuidadosamente voltéelas por lo menos una vez. Báñelas ocasionalmente con lo que queda de la mezcla de mermelada. Decore con las grosellas frescas. Sirva de inmediato con los limones y la ensalada.

INGREDIENTES
Rinde 4 porciones

2 cucharadas de mermelada de grosellas
cáscara de 1 limón finamente rallada
2 cucharadas de jerez semi seco
450 g/1 lb de sardinas frescas, limpias y sin cabeza
sal de mar y pimienta negra recién molida
gajos de limón para decorar

PARA SERVIR:

grosellas frescas
ensalada de hojas verdes

Consejo del Chef

Casi todos los pescados se venden limpios pero es fácil hacerlo uno mismo. Con el dorso de un cuchillo raspe las escamas de la cola para adelante. Haga un pequeño corte en el estomago y retire cuidadosamente las entrañas. Enjuague con agua fría. Seque con papel absorbente.

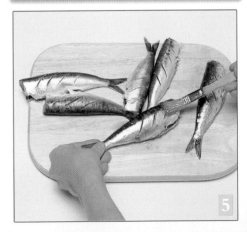

Bacalao Ahumado Rosti

1 Seque las papas con una toalla de tela. Enjuague las cebollas muy bien con agua fría y séquelas con una toalla de tela y agregue a las papas.

2 Agregue el ajo a las papas, moviendo. Despelleje el bacalao ahumado y remueva todas las espinas que se pueda. Corte en rebanadas finas y reserve.

3 Caliente el aceite en una sartén de teflón. Agregue mitad de las papas y aplástelas firmemente contra el fondo de la cacerola. Salpimente al gusto.

4 Agregue una capa de pescado y rocíe con el limón rallado, el perejil y un poco de pimienta negra.

5 Cubra con otra capa de papas y aplaste bien con la espátula. Cubra con una hoja de papel de aluminio y cocine al fuego más bajo 25–30 minutos.

6 Precaliente la parrilla 2–3 minutos antes de terminar el paso 5. Retire el papel aluminio y ponga el rosti debajo de la parrilla para dorarlo. Sirva de inmediato junto con la crema, los gajos de limón y las hojas de ensalada.

INGREDIENTES
Rinde 4 porciones

450 g/1 lb de papas peladas y ralladas grueso

1 cebolla grande pelada y rallada grueso

2–3 dientes de ajo pelados y machacados

450 g/1 lb de bacalao ahumado

1 cucharada aceite de oliva

sal y pimienta negra recién molida

cáscara de ½ limón rallada finamente

1 cucharada de perejil picado

2 cucharadas de crema ácida lite

hojas mixtas de ensalada para decorar

gajos de limón para servir

Consejo del Chef

Los rostis son mejores si se preparan, cocinan y sirven de inmediato.

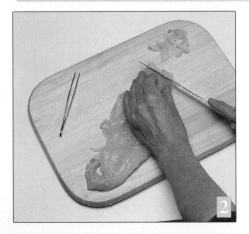

Camarones Agridulces con Fideos

1 Prepare la salsa escurriendo las piñas y reservando dos cucharadas de su jugo.

2 Desvene los cuartos de pimiento y córtelos en tiras delgadas.

3 Caliente el aceite en una sartén. Agregue la cebolla y el ajo. Cocine 4 minutos hasta que la cebolla esté suave.

4 Agregue la piña, el azúcar, el caldo de pollo, el vinagre, el puré de tomate y la salsa de soya.

5 Suba al hervor y deje a fuego lento aproximadamente 4 minutos. Mezcle la harina de maíz con el jugo de piña

reservado. Vierta a la sartén batiendo hasta que engruese.

6 Limpie los camarones si es necesario. Lave la col china muy bien y desmenúcela.

7 Agregue los camarones y el Bok Choi a la salsa. Hierva a fuego lento 3 minutos hasta que los camarones estén en su punto y rosados.

8 Cocine los fideos en agua hirviendo 4–5 minutos hasta que estén tiernos.

9 Escurra los fideos y póngalos en un plato precalentado y vierta la mezcla de camarones. Decore con el cilantro y sirva.

Consejo del Chef

Este platillo funciona muy bien con arroz jasmine tailandés al vapor o con fideos de trigo integral, que tienen mayor valor nutricional. No olvide desvenar los camarones.

INGREDIENTES
Rinde 4 porciones

1 lata de 425 g de piña picada en su jugo

1 pimiento verde desvenado y cortado en cuatro

1 cucharada de aceite de cacahuates

1 cebolla cortada en gajos

3 cucharadas de azúcar moreno extra fino

150 ml/¼ pt de caldo de pollo

4 cucharadas de vinagre de vino

1 cucharada de puré de tomate

1 cucharada de salsa de soya ligera

1 cucharada de harina de maíz

350 g/12 oz de camarones grandes pelados crudos

225 g/8 oz de Bok Choi rallada (col china)

350 g/12 oz de fideos de huevo medianos

hojas de cilantro para decorar

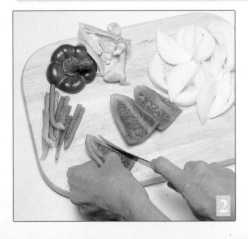

Pasteles de Salmón

1 Corte las papas en cubos y hierva en agua con sal 15 minutos, escurra y muela. Vierta a un recipiente para mezclar y reserve.

2 Licue el salmón hasta que tenga una consistencia de puré granulado. Agregue a las papas y mezcle.

3 Con el rallador grueso, ralle las zanahorias y agréguelas al salmón junto con el cilantro y el limón.

4 Agregue la yema de huevo, salpimente a gusto y mezcle suavemente los ingredientes. Con las manos húmedas haga cuatro pasteles.

5 Espolvoree con harina y coloque los pasteles sobre un plato. Tápelo ligeramente y refrigere 30 minutos por lo menos.

6 Cuando este listo para cocinar, rocíe una sartén acanalada con finos chorros de aceite y caliente. Cuando la sartén esté caliente, agregue los pasteles y cocine 3–4 minutos por ambos lados hasta que el pescado esté bien cocido. Si es necesario durante la cocción, agregue otro rocío de aceite.

7 Cuando los pasteles estén cocidos sirva de inmediato con la salsa de tomate, la ensalada verde y el pan.

INGREDIENTES
Rinde 4 porciones

225 g/8 oz de papas peladas

450 g/1 lb de filete de salmón sin piel

125 g/4 oz de zanahoria desbastada y pelada

2 cucharadas de cáscara de limón rallada

2–3 cucharadas de cilantro recién picado

1 yema de huevo

sal y pimienta negra recién molida

2 cucharadas de harina blanca

aceite para rociar

PARA SERVIR:

salsa de tomate comercial

ensalada verde

pan crujiente

Hecho Culinario

Gracias a los criaderos de salmón, éste ya no es tan caro. Hay salmón disponible todo el año y con frecuencia es más barato que el bacalao. Es una fuente excelente de ácidos grasos Omega 3 que ayudan a reducir el colesterol.

Lenguado con Limón a la Parrilla

1 Caliente el aceite en una sartén grande. Fría la cebolla, el pimiento y el arroz 2 minutos.

2 Agregue el jugo de naranja y limón y hierva. Reduzca el fuego, agregue la mitad del caldo y caliente a fuego suave 15–20 minutos hasta que el arroz esté tierno, agregando el resto del caldo conforme se necesite.

3 Precaliente la parrilla. Rocíe finamente con aceite la base de la parrilla y acomode el lenguado. Reserve.

4 Ralle finamente la cáscara de naranja y de limón. Exprima la mitad del jugo de cada fruta.

5 Derrita la margarina en un pequeño recipiente. Agregue la cáscara rallada y la mitad del estragón y úselo para bañar los filetes de lenguado.

6 Cocine solo un lado del lenguado debajo de la parrilla a fuego medio 4–6 minutos bañando continuamente.

7 Cuando el arroz esté listo, agregue batiendo lo que queda del estragón y salpimente a gusto. Decore el pescado con los gajos de limón y sirva de inmediato con el arroz.

INGREDIENTES
Rinde 4 porciones

1 cucharadita de aceite de girasol

1 cebolla pelada y picada

1 pimiento naranja desvenado y picado

175 g/6 oz de arroz de grano largo

150 ml/¼ pt de jugo de naranja

2 cucharadas de jugo de limón

225 ml/8 fl oz de caldo de verduras

rocío de aceite

4 filetes de lenguado de 175 g/ 6 oz sin piel

1 naranja

1 limón

25 g/1 oz de margarina

2 cucharadas de estragón

sal y pimienta negra recién molida

gajos de limón para decorar

Consejo Sabroso

El lenguado se puede comprar fresco, o congelado, entero o en filetes. Se puede freír, parrillar o escalfar. Hay muchas variedades de lenguado y se encuentran en ambos lados del Atlántico.

Lasagna de Pescado

1 Precaliente el horno a 190°C/375°F. Limpie los hongos, desbaste sus tallos y píquelos. Caliente el aceite en una sartén pesada y grande. Agregue las cebollas y cocine a fuego suave 3–5 minutos hasta que estén tiernas.

2 Agregue batiendo los hongos, el orégano y los tomates picados con su jugo.

3 Mezcle el puré de tomate con una cucharada de agua. Vierta batiendo a la cacerola y salpimente a gusto.

4 Hierva la salsa y sin tapar baje a fuego lento 5–10 minutos.

5 Retire del pescado todos los huesos que pueda, córtelo en cubos y agréguelos a la salsa de tomates. Agite suavemente y retire la sartén del fuego.

6 Cubra la base de un refractario con 2 ó 3 hojas de lasagna verde y vierta la mitad de la mezcla a éstas. Repita las camas hasta terminar con las hojas.

7 Para preparar la capa final, mezcle el huevo batido con el queso cotage y el yogurt. Vierta a las hojas de lasagna y rocíe con el queso Cheddar rallado.

8 Cocine la lasagna en el horno precalentado 40–45 minutos hasta que la capa final quede dorada y burbujeante. Sirva inmediatamente con la ensalada de hojas mixtas y los tomates.

INGREDIENTES
Rinde 4 porciones

75 g/3 oz de hongos
1 cucharadita de aceite de girasol
1 cebolla pequeña pelada y picada finamente
1 cucharada de orégano recién picado
1 lata de 400 g de tomates picados
1 cucharada de puré de tomate
sal y pimienta negra recién molida
450 g/1 lb de bacalao sin piel
9–12 hojas de lasagna verde precocida

PARA LA CAPA FINAL

1 huevo batido
125 g/4 oz de queso cotage
150 ml/¼ pt de yogurt lite
50 g/2 oz de queso Cheddar lite, rallado

PARA SERVIR:

hojas mixtas de ensalada
tomates cherry

Frutos del Mar Salteados

1 Prepare los mariscos. Pele y desvene los camarones. Enjuague ligeramente los anillos de calamar y limpie las vieiras si es necesario.

2 Descarte los mejillones abiertos. Desbarbe y quite los balanos. Cubra los mejillones con agua hasta necesitarlos.

3 Pele la raíz de jengibre y desmenuce con un rallador grueso o un cuchillo afilado. Vierta a un contenedor pequeño.

4 Agregue el ajo y los chiles al contenedor. Vierta la salsa de soya y mezcle bien.

5 Ponga los mariscos mixtos, excepto los mejillones, en un contenedor y vierta el marinado. Mezcle, tape y deje a un lado 15 minutos.

6 Caliente un wok o una sartén, agregue el aceite y caliente hasta punto de humo. Agregue batiendo las verduras preparadas y fría batiendo 2–3 minutos. Agregue batiendo la salsa de ciruelas.

7 Agregue los mariscos y los mejillones y fría batiendo otros 3–4 minutos. Descarte los mejillones no abiertos. Decore con cebolletas y sirva de inmediato sobre una cama de arroz cocido.

INGREDIENTES
Rinde 4 porciones

450 g/1 lb de mariscos frescos mixtos tales cómo camarones, calamares, mejillones y vieiras

1 pieza de 2.5 cm/1 in de raíz de jengibre fresca

2 dientes de ajo, pelados y machacados

2 chiles verdes desvenados y picados finamente

3 cucharadas de salsa de soya

2 cucharadas de aceite de olivo

200 g/7 oz de elotes baby

200 g/7 oz de puntas de espárragos desbastadas y cortadas a la mitad

200 g/7 oz de chícharos desbastados

2 cucharadas de salsa de ciruela

4 cebolletas desbastadas y partidas en rajas para decorar

arroz recién preparado para servir

Consejo del Chef

Para freír batiendo (saltear) es importante que el wok o la sartén esté caliente antes de ponerle aceite. Esto evita que la comida se pegue al utensilio.

Pescado Entero al Horno

1 Precaliente el horno a 220°C/425°F. Enjuague suavemente el pescado y séquelo. Salpimente la cavidad. Haga varios cortes diagonales a lo largo del pescado y sazone.

2 Mezcle la margarina con el ajo, el rallado de limón y naranja y la nuez moscada, la mostaza y el pan. En los cortes diagonales, introduzca la mezcla de pan y una rama de eneldo. Coloque el resto de los tallos de eneldo en la cavidad del pescado. Pese el pescado para calcular el tiempo de cocción que es de 10 minutos por cada 450 g/1 lb.

3 Acueste el pescado sobre dos hojas de papel aluminio. Si desea úntelo con un poco de margarina. Cubra el salmón con las rebanadas de limón verde y con el papel aluminio forme un paquete. Refrigere por unos 15 minutos.

4 Coloque el pescado envuelto en una charola para hornear y hornee el tiempo calculado. 15 minutos antes de terminar de hornear, abra el papel aluminio y regrese al horno hasta que la piel del pescado quede tostada. Retire del horno y deje a un lado 10 minutos.

5 Vierta los jugos de la charola a una olla. Hierva y vierta batiendo la crema ácida y el yogurt. Cocine a fuego lento 3 minutos hasta que esté caliente. Decore con eneldo y sírvalo.

INGREDIENTES
Rinde 8 porciones

1.8 kg/4 lb de salmón entero, limpio
sal de mar y pimienta negra recién molida
50 g/2 oz de margarina
1 diente de ajo pelado y picado finamente
cascarita y jugo de 1 limón
cascarita de 1 naranja
1 cucharadita de nuez moscada
3 cucharadas de mostaza de Dijon
2 cucharadas de costra de pan blanco fresco
2 manojos de eneldo fresco
1 manojo de estragón fresco
1 limón verde rebanado
150 ml/¼ pt de crema ácida lite
450 ml/¾ pt de yogurt
tallos de eneldo para decorar

Hecho Culinario

El salmón se captura en las aguas frías del Norte de América y Europa y los hay en muchas variedades. Gracias a los criaderos de salmón su precio es más accesible

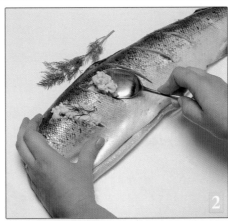

Ensalada de Vieiras Asadas

1 Limpie y desvene las vieiras. Enjuague bien y seque con toallas de papel de cocina.

2 Corte las vieiras en 2–3 rebanadas según el tamaño del molusco.

3 Caliente una sartén pesada y disuelva bien la mantequilla o margarina.

4 Ase las vieiras un minuto de cada lado hasta que queden doradas. Retire de la sartén y reserve.

5 Bata rápidamente el jugo de naranja junto con el vinagre y la miel para preparar el aliño.

6 Con un cuchillo pequeño y filoso corte las peras en cuatro, quite las semillas y córtelas en pedazos.

7 Rocíe el aliño y ponga bastante pimienta recién molida. Sirva de inmediato.

INGREDIENTES
Rinde 4 porciones

12 vieiras grandes

1 cucharada de margarina o mantequilla

2 cucharadas de jugo de naranja

2 cucharadas de vinagre balsámico

1 cucharada de miel clara

2 peras maduras

125 g/4 oz de arúgula

125 g/4 oz de berros

50 g/2 oz de nueces

pimienta negra recién molida

Hecho Culinario

Aparte de las vieiras grandes las hay también más chicas. La temporada de vieiras es de septiembre a mayo que es cuando están más sabrosas y menos caras. Cuando las compre, especialmente las grandes, asegure que la hueva esté intacta.

Pollo Horneado en Corteza de Sal

1 Precaliente el horno a 170°C/325°F. Retire las menudencias y enjuague el pollo con agua fría si es necesario. Salpimente el interior y agregue la cebolla, el romero, el tomillo y el laurel.

2 Mezcle la mantequilla con el ajo, pimentón y cáscara de limón. Rellene la mezcla entre el pellejo y la carne del pollo empezando por el cuello.

3 Para preparar la corteza de sal, mezcle las sales y harina en un contenedor grande. Haga un hoyo en el centro de la mezcla y vierta 600 ml/1 pt de agua fría y el aceite. Mezcle hasta lograr una masa firme y amase sobre una superficie ligeramente enharinada por 2–3 minutos. Extienda la masa en forma de un círculo de 51 cm/20 in.

Coloque el pollo, pechuga abajo, en la mitad del círculo. Ligeramente moje con agua los bordes de la masa y envuelva el pollo. Pellizque los bordes para sellar.

4 Ponga el pollo patas abajo en un refractario y hornee en el horno precalentado 2¾ horas. Retire del horno y descanse 20 minutos.

5 Rompa y deseche la corteza de sal. Despelleje el pollo y decore con hierbas frescas y rebanadas de limón. Sirva de inmediato.

Consejo del Chef

Es mejor no comer el pellejo del pollo. Tiene un alto contenido de grasa y absorbe mucha sal de la corteza.

INGREDIENTES
Rinde 4 porciones

1.8 kg/4 lb de pollo listo
* para hornear*
sal y pimienta negra recién molida
1 cebolla mediana pelada
tallo de romero fresco
tallo de tomillo fresco
1 hoja de laurel
15 g/½ oz de mantequilla
* suavizada*
1 diente de ajo pelado
* y machacado*
pizca pimentón molido
cáscara de ½ limón rallada
* finamente*

PARA DECORAR:
hierbas frescas
rebanadas de limón

COSTRA DE SAL:
900 g/2 lb de harina
450 g/1 lb de sal fina
450 g/1 lb de sal gruesa de mar
2 cucharadas de aceite

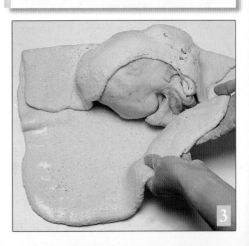

Alambre de Pollo Picante con Taboule de Mango

1 Si usa palillos de madera, mójelos en agua fria 30 minutos. (Esto previene que se quemen)

2 Corte el pollo en rajas de 5 x 1 cm/2 x ½ in y vierta a un platillo poco profundo.

3 Mezcle el yogurt con el ajo, el chile, la cúrcuma y la corteza y jugo de limón. Vierta al pollo y agite para bañarlo. Cubra y deje marinar en el refrigerador hasta por 8 horas.

4 Para preparar el taboule, ponga el trigo partido en un recipiente. Vierta suficiente agua hirviendo para cubrirlo, tape con un plato y deje en remojo 20 minutos.

5 Mezcle el aceite con el jugo de limón en un recipiente. Agregue la cebolla y marine 10 minutos.

6 Escurra el trigo y exprima cualquier exceso de agua con una toalla limpia. Agregue a la cebolla con el mango, pepino y hierbas y salpimente a gusto. Agite para mezclar bien.

7 Ensarte las rajas de pollo en 8 alambres o palillos. Ase 8 minutos debajo del asador. Voltee y unte el marinado hasta que el pollo quede dorado y bien cocido.

8 Con una cuchara vierta el taboule a los platos, acomode los alambres encima y decore con los tallos de menta. Sirva frío o caliente

INGREDIENTES
Rinde 4 porciones

400 g/14 oz de filetes de pechuga de pollo
200 ml/7 fl oz de yogurt natural lite
1 diente de ajo pelado y machacado
1 chile rojo desvenado y picado finamente
½ cucharadita de cúrcuma molida
cáscara rallada finamente y jugo de ½ limón
tallos de menta fresca para decorar

TABOULE DE MANGO:
175 g/6 oz de trigo partido
1 cucharadita de aceite de oliva
jugo de ½ limón
½ cebolla morada picada finamente
1 mango maduro, partido en dos, deshuesado y machacado
¼ pepino cortado en cubos finos
2 cucharadas de perejil recién picado
2 cucharadas de menta recién rallada
sal y pimienta negra recién molida finamente

Pollo a la Sartén con Especies de Tailandia

1 Vierta a un recipiente el limón rallado o las hojas de kaffir raspadas y el jengibre. Vierta el caldo de pollo. Deje macerar 30 minutos.

2 Entre tanto corte cada pechuga en dos. Caliente el aceite en una sartén de teflón y dore el pollo 2–3 minutos cada lado.

3 Cuele la infusión de caldo de pollo sobre la sartén. Tape la sartén a la mitad y cocine a fuego lento 10 minutos.

4 Agregue el agua de coco, batiendo, con la salsa de pescado y los chiles. Cocine a fuego lento sin tapar por 5–6 minutos hasta que el pollo esté

en su punto y la salsa quede un tanto reducida.

5 Mientras tanto, prepare el arroz en agua salada hirviendo según las instrucciones. Escurra el arroz completamente.

6 Agregue batiendo el jugo de limón verde y el cilantro a la salsa. Salpimente a gusto. Sirva el pollo y la salsa sobre una cama de arroz. Decore con gajos de limón verde y cilantro recién picado. Sirva de inmediato.

Hecho Culinario

Hojas de limón kaffir se pueden encontrar en tiendas de productos orientales. Algunos mercados también las tienen en seco. Si usa hojas secas, desmenuce y utilice cómo en el punto 1.

INGREDIENTES
Rinde 4 porciones

4 hojas de limón kaffir o corteza de ½ limón rallado

1 pieza de 5 cm/2 in de raíz de jengibre, pelada y picada

300 ml/½ pt de caldo de pollo hirviendo

4 pechugas de pollo de 175 g/ 6 oz

2 cucharaditas de aceite de cacahuates

5 cucharadas de agua de coco

1 cucharada de salsa de pescado

2 chiles rojos, desvenados y picados finamente

225 g/8 oz de arroz tailandés jasmine

1 cucharada jugo de limón verde

3 cucharadas de cilantro recién picado

sal y pimienta negra recién molida

PARA DECORAR:

gajos de limón verde
cilantro recién picado

Pollo Sauvignon y Pastel de Hongos con Filo

1 Precaliente el horno 190°C/ 375°F. En una sartén pesada ponga la cebolla y el puerro con 125 ml/4 fl oz del caldo

2 Hierva. Tape y deje a fuego lento 5 minutos. Destape y cocine hasta que estén tiernas las verduras y el caldo evaporado.

3 Corte el pollo en cubos tamaño bocadillo. Agregue a la sartén con el resto del caldo. Cubra y cocine a fuego suave 5 minutos. Agregue los hongos y cocine otros 5 minutos.

4 Mezcle la harina con 4 cucharadas de agua fria. Vierta a la sartén batiendo hasta que espese la salsa.

5 Vierta el estragón a la salsa batiendo y salpimente.

6 Transfiera la mezcla a una pastelera de vidrio de 1.2 l/2 pts y deseche la hoja de laurel.

7 Unte ligeramente una hoja de filo con un poco de aceite.

8 Arrugue ligeramente la hoja de filo y acomode sobre ella el relleno. Continúe igualmente con las otra hojas y espolvoree la última capa con las semillas de ajonjolí.

9 Hornee el pastel en la parrilla mediana del horno 20 minutos hasta que el filo quede dorado y crujiente. Decore con el perejil y sirva de inmediato con las verduras de temporada.

INGREDIENTES
Rinde 4 porciones

1 cebolla pelada y picada
1 puerro desbastado y picado
225 ml/8 fl oz de caldo de pollo
3 pechugas de pollo de 175 g/ 6 oz
150 ml/¼ pt de vino blanco seco
1 hoja de laurel
175 g/6 oz de champiñones botón
2 cucharadas de harina
1 cucharada de estragón recién picado
sal y pimienta negra recién molida
tallo de perejil fresco para decorar
verduras de temporada para servir

COPETE:
75 g/3 oz (5 hojas) de masa filo
1 cucharada de aceite de girasol
1 cucharadita de semillas de ajonjolí

Pollo Rostizado al Chile

1 Precaliente el horno 190°C/375°F. Rebane los chiles y vierta a la licuadora junto con el comino, la cúrcuma, el ajo, el jengibre, el jugo de limón, el aceite de oliva, el cilantro, la sal, la pimienta y dos cucharadas de agua fria. Licue hasta que se forme una pasta ligeramente grumosa.

2 Reserve 3 cucharadas de la mezcla. Empezando por el cuello, suavemente levante el pellejo para separarlo de la pechuga. Introduzca el resto de la mezcla uniformemente entre el pellejo y la carne de pechuga.

3 Acomode el pollo en una charola para hornear. Mezcle la pasta de chile reservada con la mantequilla derretida. Use una cucharada para untar el pollo uniformemente. Hornee en el horno precalentado 20 minutos.

4 Mientras tanto, corte la calabaza en dos, pele y retire las semillas. Córtela en pedazos grandes y mezcle con el resto de la pasta de chile.

5 Acomode la calabaza alrededor del pollo. Hornee una hora bañando con los jugos del pollo cada 20 minutos hasta que el animal este en su punto y la calabaza tierna. Decore con perejil y cilantro. Sirva con las papas al horno y las verduras.

Consejo del Chef

Los chiles varían bastante en cuanto a picante. Una buena guía es que cuanto más pequeños más picosos. Los chiles rojos son más dulces que los verdes.

INGREDIENTES
Rinde 4 porciones

3 chiles rojos frescos desvenados

½ cucharadita de cúrcuma

1 cucharadita de semillas de comino

1 cucharadita de semillas de cilantro

2 dientes de ajo pelados y machacados

1 pieza de 2.5 cm/1 in de raíz de jengibre pelada y picada

1 cucharada de jugo de limón

1 cucharada de aceite de oliva

2 cucharadas de cilantro picado grueso fresco

½ cucharadita de sal

pimienta negra recién molida

1.4 kg/3 lb de pollo limpio y deshuesado

15 g/½ oz de mantequilla sin sal

550 g/1¼ lb de calabaza

perejil fresco y tallos de cilantro para decorar

PARA SERVIR:

4 papas al horno

verduras verdes de la estación

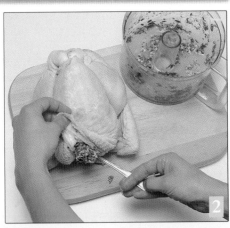

Curry Aromático de Pollo

1 Escurra las lentejas en un cedazo y enjuague muy bien con agua fría.

2 Fría el cilantro y comino en seco 30 segundos a fuego lento en una olla grande. Mezcle con la pasta de curry.

3 Agregue las lentejas a la olla junto con la hoja de laurel y la cáscara de limón. Vierta el caldo.

4 Agite y suba al hervor. Baje la temperatura, cubra la mitad de la olla con una tapa y caliente a fuego suave 5 minutos, moviendo ocasionalmente.

5 Asegure los muslos con palillos para que no pierdan su forma Coloque los muslos en la olla y tápela a la mitad. Caliente a fuego suave 15 minutos.

6 Agregue batiendo la espinaca y cocine otros 25 minutos hasta que el pollo esté tierno y la salsa espesa.

7 Retire la hoja de laurel y la cáscara de limón. Agregue batiendo el cilantro, el jugo de limón y salpimente a gusto. Sirva de inmediato con el arroz y un poco de yogurt.

INGREDIENTES
Rinde 4 porciones

125 g/4 oz de lentejas rojas
2 cucharaditas de cilantro molido
½ cucharadita de semillas de comino
2 cucharaditas de pasta de curry
1 hoja de laurel
1 pequeña tira de corteza de limón
600 ml/1 pt de caldo de pollo o verduras
8 muslos de pollo despellejados
175 g/6 oz de hojas de espinaca, enjuagadas y desmenuzadas
1 cucharada de cilantro recién picado
2 cucharaditas de jugo de limón
sal y pimienta negra recién molida

PARA SERVIR:
arroz recién preparado
yogurt natural lite

Consejo del Chef

Freír especies en seco suelta el sabor de las mismas muy bien. Ésta técnica se puede usar en muchos platillos. Es particularmente buena para agregar sabor a carnes magras y a pescados. Intente con un poco de agua o aceite para formar una pasta. Unte sobre la carne magra o el pescado antes de hornear para hacer una picosa costra.

Pollo con Risotto de Verduras de Verano

1 Hierva el caldo en una olla grande, desbaste los espárragos y córtelos en pedazos de 4 cm/1½ in de largo.

2 Vierta los espárragos al caldo 1–2 minutos hasta que estén tiernos, retírelos y reserve.

3 Corte los chícharos japoneses por la mitad y cocine en el caldo 4 minutos. Retire y resérvelos. Baje la temperatura a fuego lento.

4 Derrita la mantequilla en una sartén pesada. Agregue la cebolla y cocine a fuego suave más o menos 5 minutos.

5 Vierta el vino a la sartén y hierva rápidamente hasta casi reducir el líquido. Agregue el arroz y cocine moviendo un minuto hasta que los granos estén cubiertos y casi transparentes.

6 Agregue el azafrán y un cucharón de caldo. Cocine a fuego lento moviendo todo el tiempo hasta que se absorba el caldo. Siga añadiendo el caldo, un cucharón a la vez, hasta que se absorba todo.

7 A los 15 minutos el risotto debe estar cremoso y algo punzante. Si no agregue más caldo y cocine unos minutos más hasta que tenga la consistencia y textura correcta.

8 Agregue los chícharos, las verduras reservadas, el pollo y el jugo de limón. Salpimente al gusto y cocine 3–4 minutos hasta que el pollo quede bien caliente.

9 Vierta el risotto a platos precalentados. Rocíe cada plato con queso parmesano y sirva de inmediato.

INGREDIENTES
Rinde 4 porciones

1 l/1¾ pt de caldo de pollo
o verduras

225 g/8 oz de puntas de
espárragos baby

125 g/4 oz de chícharos japones

15 g/½ oz de mantequilla

1 cebolla pelada y picada
finamente

150 ml/¾ pt de vino blanco seco

275 g/10 oz de arroz arborio

pizca estigmas de azafrán

75 g/3 oz de chícharos
congelados, descongelados

225 g/8 oz de pollo cocido,
despellejado y cortado en cubos

jugo de ½ limón

sal y pimienta negra recién molida

25 g/1 oz de queso parmesano
rallado

Gallina de Guinea con Calvados y Manzanas

1 Ligeramente espolvoree las pechugas con harina.

2 Caliente dos cucharaditas de aceite en una sartén de teflón y fría las aves 2–3 minutos de cada lado hasta dorarlas. Retire de la sartén y reserve.

3 Caliente la última cucharadita en la sartén y agregue la cebolla y el ajo. Cocine a fuego lento 10 minutos, moviendo ocasionalmente hasta que estén tiernos y tomen color.

4 Agregue moviendo el tomillo y la sidra. Ponga las pechugas en la sartén, salpimente y deje hervir suavemente. Cubra y cocine a fuego suave 15–20 minutos hasta que la carne quede tierna.

5 Retire la gallina y manténgala caliente. Suba la temperatura y hierva la salsa hasta que engruese y se reduzca a la mitad.

6 Mientras tanto prepare las manzanas. Derrita la mantequilla en una sartén de teflón, agregue las rodajas de manzana en una sola capa y rocíe con el azúcar. Cocine las manzanas hasta que estén tiernas y a punto de cristalizar. Voltearlas una vez.

7 Vierta el Calvados a un cucharón o a un pequeño recipiente de metal y caliéntelo suavemente. Cuidadosamente préndale fuego y cuando se apague rocíelo batiendo sobre la salsa.

8 Vierta la salsa a las gallinas y sirva decoradas con las manzanas y el tallo de tomillo.

INGREDIENTES
Rinde 4 porciones

4 pechugas de gallinas de guinea de 150 g/5 oz cada una, sin piel

1 cucharada de harina

1 cucharada de aceite de girasol

1 cebolla pelada y picada finamente

1 diente de ajo pelado y machacado

1 cucharadita de tomillo recién molido

150 ml/¼ pt de sidra sec

sal y pimienta negra recién molida

3 cucharadas de brandy calvados

tallos de tomillo para decorar

MANZANAS CRISTALIZADAS:

15 g/½ oz mantequilla sin sal

2 manzanas rojas cuarteadas, deshuesadas y cortadas en rodajas

1 cucharadita azúcar refinada

Pato con Salsa de Moras

1 Despelleje las pechugas y salpimente un poco. Rocíe aceite sobre una sartén aparrillada y caliente sobre la hornilla hasta el punto de humo.

2 Acomode el pato, lado despellejado para abajo, en la sartén. Cocine a fuego medio alto 5 minutos hasta que esté bien dorado. Voltee la carne y cocine dos minutos. Baje la temperatura y ase otros 5–8 minutos hasta que esté en su punto y ligeramente rosado al centro.

3 Mientras se cocina el pato, prepare la salsa. Agregue a una sartén aparrillada y pequeña el jugo de naranja, el laurel, la jalea, las moras y el azúcar. También agregue todo el jugo que queda en la otra sartén. Hierva lentamente, baje la temperatura y cocine a fuego lento 4–5 minutos hasta que la fruta quede tierna.

4 Retire la hoja de laurel. Vierta el vinagre y la menta picada batiendo. Salpimente a gusto.

5 Rebane las pechugas diagonalmente y decore sobre los platos. Unte con la salsa de moras y decore con el tallo de menta fresca. Sirva de inmediato con las papas y los chícharos.

INGREDIENTES
Rinde 4 porciones

4 pechugas de pato deshuesadas de 175 g/6 oz
sal y pimienta negra recién molida
1 cucharadita de aceite de girasol

SALSA:
jugo de 1 naranja
1 hoja de laurel
3 cucharadas de jalea de grosellas
150 g/5 oz de moras mixtas, frescas o congeladas
2 cucharadas de cerezas o arándanos secos
½ cucharadita de azúcar moreno
1 cucharada de vinagre balsámico
1 cucharadita de menta recién picada
tallos de menta fresca para decorar

PARA SERVIR:
papas recién cocidas
chícharos recién cocidos

Consejo del Chef

Las pechugas de pato saben mejor si quedan rosadas al centro, pero los patos enteros deben ser cocinados completamente.

Pollito Glaseado con Naranjas Chinas

1 Precaliente la parrilla justo antes de cocinar. Acomode uno de los pollitos, pechuga abajo, sobre una tabla de cortar. Con tijeras corte ambos lados del espinazo y retire el hueso.

2 Abra el pollito y empujando con la palma de la mano, rompa el hueso del pecho para aplanar el animal.

3 Ensarte dos alambres o palillos a través del animal para mantenerlo plano. Asegure que cada palillo penetre por una ala y salga por la pierna del lado opuesto. Repita la operación con el otro pollito. Salpimente ambos lados de las aves.

4 Para preparar el glaseado, mezcle la cascarita del limón con el jugo de limón, el jerez, la miel, la salsa de soya, la mostaza, el puré de tomate y con el polvo de 5 especies. Rocíe los pollitos completamente con la mezcla.

5 Acomode las aves, con el pellejo para abajo, sobre la parrilla y ase a fuego medio 15 minutos. A la mitad del tiempo aplique más glaseado.

6 Voltee los pollitos y ase 10 minutos. Aplique más glaseado y acomode las naranjas encima. Ase otros 15 minutos hasta que estén bien asados y dorados. Si se doran demasiado rápido, baje la temperatura.

7 Retire los alambres y corte cada pollito a la mitad por el pecho. Sirva de inmediato con la ensalada y el pan o las papas.

INGREDIENTES
Rinde 4 porciones

2 pollitos cada uno de 700 g/ 1½ lb

sal y pimienta negra recién molida

4 naranjas chinas rebanadas finamente

hojas de ensalada mixtas, pan crujiente o papas para servir

PARA EL GLASEADO:

cascarita de ½ limón rallada finamente

1 cucharada de jugo de limón

1 cucharada de jerez seco

2 cucharadas de miel clara

2 cucharadas de salsa de soya obscura

2 cucharadas de mostaza de grano entero

1 cucharadita de puré de tomate

½ cucharadita de polvo chino de 5 especies

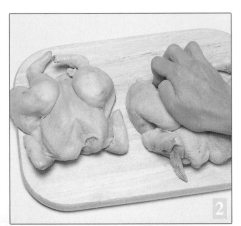

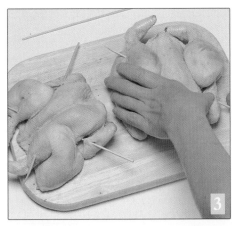

Fideos Pad Thai con Hongos

1 Prepare los fideos según las instrucciones de la envoltura. Drene bien y reserve

2 Caliente un wok o una sartén grande. Vierta el aceite y el ajo y dórelos. Agregue el huevo y bata rápidamente para romperlo.

3 Cocine unos segundos antes de agregar los fideos y los hongos. Raspe los lados de la sartén para asegurar que todo quede bien mezclado

4 Añada el jugo de limón, la salsa de pescado, el azúcar, la pimienta roja, las cebolletas y

la mitad del germen de soya, batiendo rápidamente todo el tiempo.

5 Fría a fuego alto otros 2–3 minutos hasta que todo quede bien caliente.

6 Pase a un platón. Cubra con el germen de soya restante y decore con los cacahuates y el cilantro. Sirva de inmediato.

INGREDIENTES
Rinde 4 porciones

125 g/4 oz de fideos planos de arroz o vermicelli de arroz
1 cucharada de aceite vegetal
2 dientes de ajo pelados y picados finamente
1 huevo ligeramente batido
225 g/8 oz de hongos mixtos, incluyendo shiitake y champiñones de campo
2 cucharadas de jugo de limón
1½ cucharada de salsa de pescado tailandés
½ cucharadita de azúcar
½ cucharadita de pimienta de cayena
2 cebolletas desbastadas y cortadas en tiras de 2.5 cm/1 in
50 g/2 oz de germen de soya

PARA DECORAR:
cacahuates tostados picados
cilantro recién picado

Consejo Sabroso

La cocina del lejano oriente es baja en grasas por naturaleza, y con frecuencia se basa en especies fragrantes. Una aromática alternativa es reemplazar el limón que usamos en esta receta por hierba de limón. Deseche las hojas exteriores, pique finamente y agregue con los otros ingredientes del paso 4.

Pasta con Calabazas, Romero y Limón

1 Hierva agua con sal en una olla grande y agregue la pasta.

2 Suba al hervor y cocine al dente o según las instrucciones en la envoltura.

3 Cuando la pasta esté casi lista, caliente el aceite en una sartén grande y agregue el ajo.

4 Fría a fuego medio hasta dorar el ajo. Tenga cuidado de no sobre cocer puesto que el ajo se agria.

5 Añada las calabacitas, el romero, el perejil, la cascarita de limón y el jugo. Cocine 3-4

minutos hasta que las calabacitas queden tiernas.

6 Agregue las aceitunas a la sartén y agite bien. Salpimente y retire del fuego.

7 Drene bien la pasta y agréguela a la sartén. Remueva hasta que quede bien mezclada. Decore con las rodajas de limón y los tallos de romero. Sirva de inmediato.

Consejo Sabroso

Busque calabazas amarillas o verdes, en forma de platillos voladores. Éstas pueden reemplazar las calabacitas de ésta receta por tener un sabor similar. Córtelas por la mitad verticalmente y cocine cómo en el paso 5.

INGREDIENTES
Rinde 4 porciones

350 g/12 oz de pasta seca, p. ej. rigatoni
1½ cucharada de aceite extra virgen de oliva
2 dientes de ajo pelados y picados finamente
4 calabacitas medianas rebanadas finamente
1 cucharada de romero recién picado finamente
1 cucharada de perejil fresco recién picado
cascarita de limón y jugo de dos limónes
25 g/1 oz de aceitunas negras y verdes, deshuesadas y picadas grueso
sal y pimienta negra recién molida

PARA DECORAR:
rodajas de limón
ramitas de romero fresco

Spaghetti a la Bolognesa Vegetariano

1 Caliente el aceite en una cacerola grande. Añada las cebollas, la zanahoria y el apio. Cocine a fuego suave 10 minutos, agregando un poco de agua si es necesario, hasta que los ingredientes queden tiernos y ligeramente dorados.

2 Agregue la soya y cocine otros 2–3 minutos antes de añadir el vino tinto. Suba a fuego medio hasta que se evapore casi todo el vino.

3 Mezcle el caldo de verduras y ketchup y agregue la mitad de la mezcla de soya y el puré de tomate. Cubra y cocine a fuego suave 45 minutos, agregando el resto del caldo según sea necesario.

4 Mientras tanto hierva agua con sal en una olla grande y agregue el spaghetti. Cocine al dente o según las instrucciones en la envoltura. Escurra bien. Retire la salsa del fuego, agregue la crema ácida y salpimente al gusto. Vierta el perejil batiendo y sirva de inmediato con la pasta.

INGREDIENTES
Rinde 4 porciones

2 cucharadas de aceite de oliva
1 cebolla pelada y picada finamente
1 zanahoria pelada y picada finamente
1 apio desbastado y picado finamente
225 g/8 oz de soya granulada
150 ml/5 fl oz de vino tinto
300 ml/½ pt de caldo de verduras
1 cucharadita de ketchup
4 cucharadas de puré de tomate
350 g/12 oz de spaghetti
4 cucharadas de crema ácida lite
sal y pimienta recién molida
1 cucharada de perejil recién picado

Consejo del Chef

La soya granulada (Quorn mince) es una proteína vegetal alta en fibras y baja en grasas derivada de la familia de los hongos y rápidamente adquiere el sabor de lo que a la acompaña. Puede usar una cantidad equivalente de soya texturizada en esta receta, ya sea seca (siguiendo las instrucciones del empaque) o congelada.

Risotto con Hierbas y Verduras

1 En una olla grande hierva el caldo de verduras. Agregue los espárragos, zanahorias, ejotes y chícharos y vuelva a hervir. Retire las verduras de inmediato con una cuchara acanalada y enjuáguelas en agua fría. Escurra y reserve. Mantenga el caldo cliente.

2 Caliente el aceite en una sartén profunda y agregue la cebolla. Cocine a fuego medio 4–5 minutos hasta que se dore. Agregue el ajo y el tomillo y cocine unos segundos más. Añada el arroz y bata bien por un minuto hasta que el arroz quede caliente y bien bañado en el aceite.

3 Agregue el vino blanco y remueva continuamente hasta que el arroz absorba casi todo el vino. Agregue el caldo, una cucharada a la vez, batiendo bien y añadiendo la siguiente cucharada cuando el arroz absorba la anterior. Agregue las verduras a la mitad de éste proceso y continúe agregando el caldo. Esto tardará 20–25 minutos. El arroz y las verduras deben quedar tiernos.

4 Retire la sartén del fuego. Agregue moviendo las hierbas, el limón, la cascarita y la crema ácida. Salpimente al gusto y sirva de inmediato.

Hecho Culinario

En Italia se usan diferentes tipos de arroz tal cómo el Arborio y el Carnaroli, dependiendo de la base del risotto que puede ser de pescado, carne o verduras.

INGREDIENTES
Rinde 2–3 porciones

1 l/1¾ pts de caldo de verduras

125 g/4 oz de puntas de espárragos

125 g/4 oz de zanahorias baby, desbastadas

50 g/2 oz de chícharos, frescos o congelados

50 g/2 oz de ejotes desbastados

1 cucharada de aceite de oliva

1 cebolla pelada y picada finamente

1 diente de ajo pelado y picado finamente

2 cucharaditas de tomillo recién picado

225 g/8 oz de arroz risotto

150 ml/¼ pt de vino blanco

1 cucharada de albahaca, de cebollín, y de perejil recién molidos

cascarita de ½ limón

3 cucharadas de crema ácida lite

sal y pimienta negra recién molida

Risotto con Cebollitas Cambray

1 Caliente el aceite de oliva en una cacerola y agregue las cebollitas y el azúcar. Tape y cocine a fuego suave 20-25 minutos, moviendo de vez en cuando, hasta que se acitronen. Destape durante los últimos 10 minutos.

2 Mientras tanto, caliente el aceite en una sartén grande y agregue la cebolla. Cocine a fuego medio 5 minutos hasta que quede tierna. Agregue el ajo y cocine otros 30 segundos.

3 Agregue el risotto y mezcle bien. Agregue el vino tinto batiendo continuamente hasta que el arroz lo absorba completamente. Vierta el caldo, un cucharón a la vez y espere que el arroz lo absorba antes de continuar con el siguiente

cucharón. Tardará 20–25 minutos en agregar todo el caldo. Para entonces el arroz estará bien cocido y todavía firme. Retire del fuego.

4 Agregue el tomillo a las cebollitas de cambray y cocine unos segundos. Aumente el fuego y deje que la mezcla burbujee 2–3 minutos hasta que casi se evapore. Agregue la mezcla de las cebollitas al risotto junto con el queso de cabra. Mezcle bien y salpimente al gusto. Decore con los tallos de tomillo. Sirva de inmediato con las hojas de arúgula.

Hecho Culinario

Para pelar las cebollas de cambray se ponen en una olla con agua y se hierve. Drene y rocíelas con agua fría. La piel se desprenderá fácilmente.

INGREDIENTES
Rinde 4 porciones

PARA LAS CEBOLLAS
1 cucharada de aceite de oliva
450 g/1 lb cebollitas cambray peladas y partidas si son muy grandes
pizca de azúcar
1 cucharada de tomillo recién picado

PARA EL RISOTTO:
1 cucharada de aceite de oliva
1 cebolla pequeña pelada y picada finamente
2 dientes de ajo pelados y picados finamente
350 g/12 oz de arroz risotto
150 ml/¼ pt de vino tinto
1 l/1¾ pts de caldo de verduras caliente
125 g/4 oz de queso de cabra suave lite
sal y pimienta negra recién molida
tallos de tomillo fresco
arúgula fresca para servir

Biriani de Verduras

1 Precaliente el horno a 200°C/400°F. Vierta una cucharada de aceite y las cebollas a un contenedor grande y mezcle bien. Unte una charola para hornear con un poco de aceite y agregue la mitad de las cebollas. Cocine 20–30 minutos en la parrilla mas alta del horno precalentado, moviendo con frecuencia hasta que queden doradas y crujientes. Retire del horno y reserve para decorar.

2 Mientras tanto, caliente una cacerola grande sobre fuego mediano y agregue el resto del aceite y las cebollas. Cocine 5–7 minutos hasta que queden tiernas y apenas doradas. Agregue un poco de agua si se pegan. Agregue el ajo y jengibre, cocine otro minuto y agregue la zanahoria, la jícama y el camote. Cocine otros 5 minutos.

Vierta el curry y mueva por un minuto hasta que todo quede bien bañado. Agregue el arroz y los floretes moviendo. Espere dos minutos, vierta el caldo y mezcle bien. Deje hervir, tape y cocine a fuego muy suave 10 minutos.

3 Agregue la coliflor y los chícharos y cocine 8–10 minutos hasta que el arroz quede tierno. Salpimente al gusto. Sirva decorado con las cebollas doradas, las nueces y el cilantro.

Consejo Sabroso

El biriani es delicioso con legumbres secas y ensalada de yogurt.

INGREDIENTES
Rinde 4 porciones

2 cucharadas de aceite vegetal más un poco para untar

2 cebollas grandes peladas y rebanadas a lo largo finamente

2 dientes de ajo pelados y picados finamente

2.5 cm/1 in pieza de raíz de jengibre pelada y picada fino

1 zanahoria pequeña pelada y cortada en tiras

1 jícama pequeña pelada y cortada en cubos

1 camote pequeño pelado y cortado en cubos

1 cucharada de pasta de curry

225 g/8 oz de arroz basmati

4 tomates maduros pelados, deshuesados y cortados en cubos

600 ml/1 pt de caldo de verduras

175 g/6 oz de floretes de coliflor

50 g/2 oz de chícharos

sal y pimienta negra recién molida

PARA DECORAR:
nuez de la India tostada

pasas

hojas de cilantro fresco

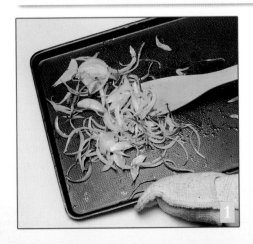

Frijoles al Horno Estilo Boston

1 Precaliente el horno a 130°C/250°F. Disponga las leguminosas sobre una sartén grande y vierta una cantidad de agua dos veces mayor que las leguminosas. Hierva y deje a fuego lento 2 minutos. Repose 1 hora. Vuelva a hervir rápidamente 10 minutos. Escurra y reserve.

2 Mezcle la cebolla con la melaza, mostaza y el azúcar en un recipiente grande. Agregue los frijoles drenados con 300 ml/½ pt de agua fresca. Revuelva bien, hierva, tape y transfiera al horno precalentado en un refractario y hornee 4 horas, removiendo cada hora y agregando agua si es necesario.

3 Una vez cocidos los frijoles, retire del horno y mantenga caliente. Suba la temperatura del horno a 200°C/400°F. Mezcle la harina con la harina de maíz, el azúcar refinado, el polvo para hornear, la sal y casi todo el tomillo (guarde un tercio para decorar). En otro contenedor bata los huevos y agregue la leche y la mantequilla revolviendo. Vierta los ingredientes húmedos a los ingredientes secos y remueva justo lo suficiente para combinarlos.

4 Vierta a un molde pastelero de 18 cm/7 in. Rocíe con el resto del tomillo. Hornee 30 minutos hasta que se levante y quede dorado o hasta que se pueda introducir un palillo y que éste salga limpio. Corte en cuadritos y recaliente los frijoles. Salpimente al gusto y sirva de inmediato con los tallos de tomillo.

INGREDIENTES
Rinde 8 porciones

350 g/12 oz de leguminosas mixtas secas, p. ej. frijoles pintos, alubias, frijoles bayos, frijoles rojos

1 cebolla grande pelada y picada finamente

125 g/4 oz de melaza

2 cucharadas de mostaza de Dijon

2 cucharadas azúcar moreno ligera

125 g/4 oz de harina

150 g/5 oz de harina de maíz

2 cucharadas de azúcar refinado

2½ cucharaditas de polvo para hornear

½ cucharadita de sal

2 cucharadas tomillo recién picado

2 huevos

200 ml/7 fl oz leche

2 cucharadas de mantequilla derretida

sal y pimienta negra recién molida

tallos de perejil para decorar

Consejo Sabroso

Los no vegetarianos pueden agregar a los frijoles 125 g/4 oz manteca de cerdo salada. Una gran alternativa.

Legumbres Mixtas Asadas con Salsa de Ajo y Hierbas

1 Precaliente el horno a 220°C/425°F. Parta el ajo a lo ancho y vierta a una charola para hornear grande junto con todos los vegetales y hierbas.

2 Agregue el aceite, salpimente bien y mezcle para que todo quede bañado en aceite.

3 Cubra con papel aluminio y cocine en el horno precalentado 50 minutos. Retire el aluminio y cocine otros 30 minutos hasta que todas las legumbres estén tiernas y ligeramente quemadas.

4 Retire la charola del horno y deje enfriar.

5 En un recipiente pequeño derrita el queso con la leche y la cascarita de limón.

6 Retire el ajo de la charola y exprima su pulpa sobre otro recipiente. Macháquelo completamente y agregue a la salsa. Caliente bien a fuego suave. Salpimente las legumbres a gusto. Vierta algo de salsa a pequeños salseros y decore con cuatro tallos de tomillo. Sirva de inmediato con las legumbres y la salsa como dip.

INGREDIENTES
Rinde 4 porciones

1 bulbo grande de ajo

1 cebolla grande pelada y cortada en gajos

4 zanahorias pequeñas peladas y cuarteadas

4 jícamas pequeñas peladas

6 papas peladas pequeñas y cortadas a la mitad

1 bulbo hinojo cortado en rodajas grandes

4 tallos de romero fresco

4 tallos de tomillo fresco

2 cucharadas de aceite de oliva

sal y pimienta negra recién molida

200 g/7 oz queso suave lite con hierbas y ajo

4 cucharadas de leche

cascarita rallada de ½ limón

tallos de tomillo para decorar

Consejo Sabroso

Este platillo se puede servir cómo un delicioso acompañante de cualquier pescado, crustáceo o pollo preparados a la parrilla o al horno. Siguiendo la tradición de la cocina mediterránea, marine o rocíe el pescado con un poco de aceite de oliva, jugo de limón y hierbas mixtas.

Guisado de Champiñones

1 Remoje los hongos porcini en agua caliente 20 minutos.

2 Reserve el agua del remojo. Escurra los hongos, córtelos a la mitad y reserve.

3 Caliente el aceite en una sartén y agregue la cebolla

4 Cocine a fuego suave 5–7 minutos hasta que esté tierna. Agregue el ajo, tomillo y clavo y cocine dos minutos más.

5 Añada los champiñones y cocine 8–10 minutos hasta que estén tiernos. Revuelva bien. Salpimente al gusto. Agregue los tomates y el liquido de remojar reservado.

6 Tape la mitad de la sartén y hierva a fuego suave 20 minutos hasta que engruese. Verifique el sazonado.

7 Mientras tanto prepare la polenta según las instrucciones en la envoltura usando el caldo de verduras. Agregue las hierbas revolviendo y divida en 4 platillos.

8 Acomode todos los hongos sobre la polenta, decore con el perejil y sirva de inmediato.

Consejo Sabroso

Si tiene invitados, puede mejorar éste platillo agregando vino tinto orgánico en el paso 5. Justo antes de servir, retire del fuego y agregue 2 cucharadas de jocoque.

INGREDIENTES
Rinde 4 porciones

15 g/½ oz de hongos secos porcini de preferencia u hongos cultivados

900 g/2 lb de champiñones mixtos frescos y limpios

2 cucharadas de aceite de oliva virgen de buena calidad

1 cebolla pelada y picada finamente

2 dientes de ajo pelados y picados finamente

1 cucharada de hojas de tomillo fresco

pizca de clavo de olor molido

sal y pimienta negra recién molida

700 g/1½ lb de tomates pelados sin semillas y picados

225 g/8 oz de polenta instantánea

600 ml/1 pt de caldo de verduras

3 cucharadas de hierbas mixtas picadas

tallos de perejil para decorar

Publicado en 2003 por Advanced Marketing,
S. de R.L. de C.V. Bajo el sello Degustis

Publicado por primera vez en 2003
© 2003 The Foundry

© 2003 Advanced Marketing, S. de R.L. de C.V.
Aztecas # 33 Col. Sta. Cruz Acatlán
Naucalpan, C.P. 53150
Estado de México
México

ISBN: 970-718-076-5

01 02 03 04 05   03 04 05 06 07

Impreso en China

RECONOCIMIENTOS:
Autores: Catherine Atkinson, Juliet Barker, Gina Steer,
Vicki Smallwood, Carol Tennant, Mari Mererid Williams y
Elizabeth Wolf-Cohen y Simone Wright
Asesora editorial: Gina Steer
Editora del proyecto: Karen Fitzpatrick
Fotografía: Colin Bowling, Paul Forrester y Stephen Brayne
Economistas Domésticas y productoras gastronómicas:
Jacqueline Bellefontaine, Mandy Phipps, Vicki Smallwood y
Penny Stephens
Equipo de diseño: Helen Courtney, Jennifer Bishop,
Lucy Bradbury y Chris Herbert

Todos los accesorios fueron proporcionados por
Barbara Stewart, de Surfaces.
Traducción: Concepción O. De Jourdain, Laura Cordera L.

NOTA
Los bebés, personas de edad avanzada, mujeres embarazadas y
cualquier persona que padezca alguna enfermedad deben
evitar los platillos preparados con huevos crudos.

Un agradecimiento especial a todos los involucrados en la
publicación de este libro, particularmente a Karen Fitzpatrick y
Gina Steer.